# 日記

吉原花魁の日々

森 光子

朝日文庫

本書は一九二七年十月、文化生活研究会より刊行された『春駒日記』を改題し、一九二六年七月刊「婦女界」掲載の「廓を脱出して白蓮夫人に救わるるまで」を追加収録したものです。なお本文中の＊については註釈を参照ください。

目次

# ——悲しき客人——

柳原燁子

吉原《よしはら》の遊女《ゆうじよ》がおくる長《なが》き文《ふみ》涙《なみだ》おとして見《み》はしたれども

われは女《をんな》以《い》何《か》にしてましこの人《ひと》を助《たす》くるすべもしらなくものを

嵐《あらし》つよく雷《かみなり》さへも鳴《な》るときをおかして来《き》たる悲《かな》しき客人《まらうど》

しどけなき伊達《だて》卷姿《まきすがた》これやこの幾多《いくた》の人《ひと》にまかせたる身《み》か

一よさにいくたり枕《まくら》かはすかときく人《ひと》のあり我耳《わがみゝ》をおふ

われ小《ち》さき子《こ》を抱《だ》きてあれば生涯《せうがい》を母《はゝ》となり得《え》ぬ身《み》ぞとも云《い》へり

子《こ》を生《う》まむ健康《けんかう》さへも失《うしな》へりとその人《ひと》のいふ年《とし》二十一

二十一年《とし》よりませて世《よ》の中《なか》の男《をとこ》を呪《のろ》ひ世《よ》を呪《のろ》ふ声《こゑ》

# 春駒日記

# 序文

この『春駒日記』で、主として私の廓《くるわ》生活――未だ心の目を開き得ず、只《ただ》借金という大石にひしがれ、鉄より重き鎖につながれている苦しさに、一日も早く自由な身になりたい一念から、浅ましい稼業そのものに、ひたすらいそしんでいた時分の生活を偽らず、ありの儘《まま》に描いて見ました。今から考えると、よくもああした生活が、永い間出来たものだと自分ながら呆れる位でございます。恥しくて、世にさらげる事も出来ないような生活をして来ました。そしてその恥しさ、賤《いや》しさ、浅ましさの私の生活そのままが、一般の遊女の生活でございます。私は、これを暴露する事によって、遊女生活の惨《みじ》めさを、より深く知って戴《いただ》き、不幸な私達姉妹の為に、心ある皆様の御情にすがりたい一念から、未熟な筆を走らせて、この『春駒日記』を憶面もなく出す事にいたしました。ほんとに恥さらしでございますが……。

お約束の時期が切迫した為に、この記録を統一する事の出来なかった事を誠に残念に思います。でも、これを読んで下さる皆様は、大方あの『光明に芽ぐむ日』*で、すでにお友達の方々であることに力付けられ、安心して書けた事を、何よりも嬉しく存じます。

□

この中の「吉原病院」の一部を「婦人公論」に、「夕霧さんの恋」を「世界」に載せて頂いた外は、皆新しく書いたので御座います。

□

さきに私は、『光明に芽ぐむ日』で、遊女生活の内容を、皆様に訴えましたところ、多数、ありがたいお言葉を頂いたばかりでなく、安部《あべ》磯雄《いそお》、木村《きむら》毅《き》、新居《にい》格《いたる》の諸先生を始め、知名の方々から、同情ある御批評を賜りましたことは、この賤しい、無力な、遊女上りの私に取りまして、只々感謝の外はございません。

その御批評の中に、私自身の生活記録が少い事を指摘して下さった方もありました。また廓の朋輩《ほうばい》達からも、その事で、非難を受けました。

自分の身辺記録を書く事は、他人の生活を描く事よりも容易だったのですが、併《しか》し、私としても、あの当時はたとい暫《しばら》くの間でも廓生活の自分にふれたくなかったのでした。盗品におびえる盗人の心もあんなものでしょうか。それに私は、主として公娼制度を皆様に訴えたかったので御座います。

□

私の勤めて居りました、吉原の妓楼《ぎろう》の朋輩達は、『光明に芽ぐむ日』を読んで、大変私を攻撃したそうです。

「――あなたは、花魁《おいらん》の客の欺《だま》し方なぞの内幕をすっぱぬきましたね。それがこの本の使命なら致し方はないけれど、朋輩達は大弱りです。それで大変怒っていますよ」

「春駒さんはひどいね。いくら何でも、こんな事迄書くなんて。こんな事を知っちゃ客は来なくなるよ。おやじの事なんかうんと書いてやった方がいいけれど……」

と皆あなたの悪口を云っています。――

巻末に載せた、千代駒《ちよこま》さんのこうした手紙でも分りますが。

□

だけど、朋輩達よ！

私は、貴女達のか弱い父母や兄弟姉妹の愛に、夜毎に集う餓鬼共に、生血《いきち》を吸われ、あの血の池地獄のどん底に喘《あえ》ぎ苦しんでいる貴女達や、少くもそうした魔の淵に投ぜられようとする無垢な少女のために、私のこの拙《つた》ない筆がやがて、よい結果を、導くであろうことを私は信じ度《た》いのです。

朋輩達よ！

私は今暫く貴女達の犠牲を拝借したいのです。

□

『光明に芽ぐむ日』で色々書きました、私の朋輩の清川《きよかわ》さんも脱出して廃業しました。千代駒さんと清川さんと私とはあの妓楼に於ての最も仲よしの友達だったのです。三人とも光明を見る事が出来ましたのは、世の皆様の深い御慈愛のお蔭で御座います。

□

終りに、再び拙著『春駒日記』を世に送るにあたり、私が廓を脱出してよりこの方、言葉に尽せぬ御援助と御教示を賜りました、宮崎〔龍介。以下〔〕は編集部註〕様白蓮《びやくれん》様と、千代駒さんの他数人の娼妓をお救い下すった岩内《いわうち》〔善作〕様、私の前著『光明に芽ぐむ日』とこの『春駒日記』の名付け親である賀川《かがわ》〔豊彦〕先生の方々に衷心《ちゅうしん》から感謝させて戴きとう御座います。

昭和二年——九月　　森 光子

# 新駒花魁の逃亡

花山《はなやま》さんが逃亡してから、一ヶ月も過ぎたと思う頃だった。この日は公休日なので誰よりも早く客を帰した。私は無造作な束髪《そくはつ》に結ってしまうと真先に朝湯に入った。

四五日前から新駒《しんこま》さんと弥生《やよい》さんに誘われていたが、余り外出のすきでない私は気が進まなかったが、それでも約束だけはしてしまった。でもその朝になると、いつもの私に似合ない晴々しい気持になったのでこの分では外出してもよかろうと思った。

私は風呂から上がると、いそいで二階の自分の部屋へかけこんだ。そしていきなり中庭に面している窓を開けはなした。と急にまぶしい程の朝の光が流れ入《はい》った。四五日も五月雨《さみだれ》が降り続いた後《のり》なので、空には一てんの曇りも見出せなかった。

私は幾月ぶりかのすがすがしい気持にしたりながら裸のまま姿見に向って化粧をはじめた。そして、今日外出した自心《じぶん》の心持が愉快に、それは兎《と》もあれ、しかし愉快だったと迄は行かないまでも今の様《よう》な和やかな気持で今日の一日が過ごしたいとも思った。そこへ湯上りらしいえりから乳《ち》ぶさまで真白に白粉《おしろい》をつけた新駒さんが笑いながら入って来た。

「春駒さん随分早いわね、妾《わたし》も今お風呂から上った所よ、じゃ妾もすぐ支度をして来るわね、弥生さんも今お風呂から出たらしいわ」

そう早口に云いすてていそいで出て行った。

同じ家に居ればこそ、お互に口をきいている様なものの、余り新駒さんとは親しくない私が、その人とこうして外出する気持になったのが私には不思議と云えば不思議、また馬鹿《ばか》らしくさえなって腹立たしくも思えてならなかった。それも、常に朋輩《ほうばい》達から変人だと云われている新駒さんが、今日に限って馬鹿に外出する事を私と弥生さんに勧めるので、三人は約束してしまったのだった。

やがて化粧がすんだので支度をしてしまって、新駒さんの部屋へ行くと丁度《ちょうど》着物を着替えている所だった。隣の弥生さんの部屋をのぞくと、

「もう妾なんかとっくに仕度して待っているのよ」

弥生さんはそう云って鏡台の上にあったコンパクトを帯の中へ入れながら出て来

た。

三人共すっかり仕度は出来たものの、何処《どこ》へ行くのかまだあてがないのでごたごたしていたが、まあ歩き乍《なが》らでも考えようと云って、下新《したしん》＊共つごう四人で家を出たのは十時頃だった。今日は皆んなそろって束髪で気持はいいが、下新がいるために、やっぱり吉原の花魁《おいらん》だと云う眼で町の人に見られやしないかと思うとまた流石《さすが》に腹立たしくなった。大門《おおもん》＊の警察のそばまで来ると、

「さあ、警察へ行って、ことわって入《い》らっしゃい」そう云って下新は立止《たちどま》った。

「いいじゃないの、かまわず行ってしまいましょうよ、めんどくさいから。……わかりゃしないわよ」

新駒さんは私達をけいべつする様に顔をしかめながら行き過ぎようとした。

「いけませんよ、規則ですから、訳はないじゃありませんか」

下新にそう云われたので私も何《ど》うでもいいと思っていたが行った。罪人ではないが、警官がずらりと並んでいる所へ行くのは余りいい気持はしない。

「何処だ。名前は。何処へ行く、何時頃《いつごろ》帰るか」

娼妓掛《がか》＊りの巡査にそうしたしつ問《もん》をされ、許《ゆるし》を得て出て来ると私達はいそいで千《せん》束《ぞく》通りの方へ足を進めた。

やがて池《いけ》の端《はた》へ着いた。相変らず活動館のあたりは可成《かな》り雑踏していた。私達は

その雑踏の中へ吸い込まれる様に入って行った。あっちからもこっちからも観客を誘う音楽の音《ね》が耳の小《こ》まくが破れるかと思う様にひびいて来る。

「何処でもいいから、早く入ってしまいましょうよ」

私は活動なぞには勿論《もちろん》興味はなかったが、こんな人ごみの中にいつまでもうろうろしていたくはなかったのでそう云った。

「ええそうしましょう」

弥生さんは私の言葉に一もなくさんせいして呉《く》れた。それでも新駒さんは何となく気がすすまない様な落着かない様子で方々を見廻していたが、皆んなが入ると後から黙って付いて来た。何と云う館であったかおぼえていないが、たしか世界館の隣だったと覚えている。そこには「四ッ谷怪談」があった。でも新駒さんは少しも落付《おちつ》いて見ていなかった。五分と経《た》たない内に立ったり坐ったり、さては二階の窓から外をのぞいたりしている。何てこの人はそわそわしている人だろうと思って、

「新駒さん、活動はきらい」

私は何げなく聞いた。

「いいえ、きらいじゃないけれど」

「じゃ、少しは落着いていらっしゃいよ。みっともないわよ。皆んな人が見ているじゃないの」

私は周囲の人の前をはばかって小さい声でそう云った。でも坐ろうともしないで、

「妾こんな二階でなく、下の方がよかったと思ったわ」

新駒さんはそう云いながら、人前もはばからず平気で煙草をふかし始めた。私は新駒さんのこうした態度が何とも面白くなかった。そうでなくも、大勢の人達は私達を異様な目で見ているのに、ここ、一寸《ちょつと》の間《あいだ》位我慢出来そうなものだ。それも、「町へ行ったら決して妓名《ぎめい》など呼びっこなしね、煙草も人ごみの中ではお互に我慢しっこよ」なぞと約束して家を出たのだった。あれ程煙草ずきの弥生さんでさえ出て来てから一度もすわないでいるのにと思うとその顔を見るのさえいらいらしずにはいられなかった。

下新も弥生さんも私達の話には無感覚らしく写真にばかり気をとられているらしい。

暫《しばら》くすると新駒さんは、

「つまらないから出ましょうよ」と云い出した。

「……」

私は黙っていた。

「うるさいわね、先《さ》っきから何をごたごたしてるの、何《ど》うするってのさ」

こう云いながら弥生さんは後《うしろ》をふり向いた。

「この人が出るってのよ」

私はこう云って口を開いた。弥生さんはすぐ立って来て、窓ぎわの所にあるテーブルのそばへ行った。二人もその後からついて行った。そしてそばにあった椅子に腰をおろした。

「こんな所で話をしていると、不良少女だと思われるわよ」

私はこう云って二人の顔を見て笑った。

「かまわないわよ」

弥生さんは落付いた声で云った。

「それはいいけれどもさ、新駒さん何《ど》うしたの、ちっとも活動なんか見てやしないんでしょう。始めあんたがあんなに活動へ行こうってさわいでいたくせに、かんじんな本尊様がそんな事を云っちゃ困るね、これから出て何処へ行くの、まだ家《うち》へ帰るのは早いしさ。お豊《とよ》さんも一生懸命見ているし、せっかく入ったのだからもう少し見て行きましょうよ」

弥生さんはまだここにいたい様であったが新駒さんは相変らずうかない顔をしているので、それに始めっから自分も気がすすまない所であったので、出る事にした。そして同時に三人は椅子から離れた。と、

「一寸、お豊さんがああして見てる内にこのまま三人で何処かへ行ってしまえば面

白いね」

　新駒さんは急にこんな事を云い出して立止った。が、二人が下新を呼びに行ったので、そのまま後について来た。それから私達はすぐ下へおりた。もう決して気の合ったもの同士でなければ何処へも行くものではないと、私はこんな事を考えながら外へ出た。今迄むし暑い所から出た私は気持のいい夕風をまともに受けながら、観音様の方へ行く皆の後について行った。

「家へ帰るのはまだ早いから、何処かで何か食べて行こうじゃないの、家へ帰って食べなくもいい様に」

　と弥生さんは揚言した。

「それもいいけれど、余り人がいる所じゃいやだわ」

　私はこう云って、何処か人のいない様な二階のある家をと気をつけながら歩いていた。丁度観音様の横のあたりまで来ると、一寸小ぎれいな二階造の料理屋があったので、そこへ入った。

「入《い》らっしゃいまし、何うぞお二階へ」

　き色いお愛想のいい女の声を耳にしながら私達は二階へ上った。そこには丁度いい事に他の客は一人もいなかったのでホッとした。

「春駒さんにおあつらいむきだわね、誰もいなくって」

下新はそう云って私の顔を見て笑った。私達はお腹にたまる物と云って、それぞれ丼物などを注文して、約一時間半もここで過してしまった。やがてここから出たがもう太陽は全く落ちている。

「ついでに観音様へお詣《まい》りして帰りましょう」

下新がそう云ったが、新駒さんは不さんせいだった。

「だって、お詣りしたからってごりやくもあるまいし、皆んな行って来な、妾待ってるから」

新駒さんはそう云って動こうともしない。

「そりゃ、ごりやくなんかありゃしないけど、どうせここまで来たんだから、歩いた方が気持がいいわ」と私は云った。で下新は暫く考えていたが、

「そんな事を云わないで、一緒に入らっしゃいよ、さあ、お詣りしなくもいいから、行くだけ行きましょうよ、妾が困りますから。……」

「いやだったら。久しぶりで外出したせいかくたびれてしまったんだもの。……」

新駒さんはそこまで云って黙っていたが、

「随分馬鹿にしてるわね。妾はね、逃げもかくれもしませんよ」

そう云って新駒さんはむきになった。

「じゃ、いいじゃないの」

私もそう云って、かまわず観音様の方へ歩き出した。

「じゃすぐ行って来ますからそこに待っていらっしゃい」

下新も仕方なさそうに、そう云って私の後から付いて来た。少し行くと私は後をふりかえった。一人残された新駒さんは私達の方へ背を向け、そばの木によりかかって何か考えているらしかった。

私達はいつの間にか観音様のそばに来てしまった。そこにはあちこちに四ツ五ツの露店が出ていた。参《さん》けい人も数える程しかいなかった。私も人なみにお賽銭《さいせん》を投げると手を合せた。そしてお堂のそばを離れて、いそいで新駒さんのいた所へ行って見た。が、先《せん》こく木によりかかっていた新駒さんの姿は見えなかった。

「あら、新駒さんは何処へ行ったんだろう」

弥生さんはこうさけんだ。そして方々見廻したが何処にも見あたらなかった。

「冗談じゃない、ほんとにいないの」

下新は少しあわて気味になって云った。

「そこいらにいるでしょう」

私は何げなくそう云った。

「だから妾が先から心配していたのに。……」

下新が愈々《いよいよ》顔を曇らせて心配し始めたので、

「とにかく、こんな所に立ってたって仕方がないから、歩きながら見ようじゃないの」

私はそう云いながら池にそって歩き出した。ひょっと向うを見ると、私達の歩いている全然反対の、と方《ほう》もない、やっぱり池の端の人ごみの中に新駒さんの姿を見出した。

「なあんだ。あんな所に新駒さんはいるじゃないの」

私は思わずこう云って新駒さんのいる方を指さした。新駒さんは笑いもしないで私達の方を見ていた。

「まあ人が心配してるのも知らないで何してるんだろう、あの人は。……」

私はそこで非常な憂うつに落入《おちい》った。そして自責の念に堪《た》えなかった。それは恐るべき嫉妬だった。そして暫くは彼女の姿も見得なかった。人もあろうに私が見つけたとは。

下新はぷつぷつ怒り始めた。下新が手まねぎをすると新駒さんはずんぐりとした体をさもだるそうにひきずる様にしぶしぶ歩いて来た。

「何してたの、あんな所で、人がさんざ見つけてるのに、妾はかまわないけど、お豊さんが随分心配してたのよ」

私は新駒さんがそばへ近づいて来るとわざとそう云った。

「そお、妾もね皆んなが見つけてるのを知ってたのよ。だけど、一つ驚かしてやろうと思って見てたの、で後から行こうと思ってた所よ」

新駒さんはそう云って苦《に》がい微笑をもらした。

「他の冗談と異《ちが》ってほんとに心配してしまいましたよ」

下新は少しつっけんどんな口ぶりだったがでも嬉しそうに笑った。そして私達が千束町の通《とおり》へ出ようとした時に仲《なか》どんとぱったり出合った。そして旦那＊に余りおそいから見てこいと云われてむかえに来たと云った。

「まだ大巻《おおまき》さんは帰らないかな。松竹座へ行ってるんだけれど。すまないけどお豊さん大巻さんをむかえに行って来て呉れないか、俺は皆んなと先へ帰るから」

仲どんに頼まれて下新は松竹座の方へ引かえして行った。

「皆んないつまで遊んでるんだ。早く行かないと店が付くまで間に合わないぞ。これから仕度をしてさ」

仲どんは主人の口真似をしたりして皆を笑わせながら歩き出した。途中まで来ると、

「妾もうくたびれて歩けないから、皆んな先へ行って頂戴《ちょうだい》よ。妾は後から車に乗ってくから、仲どん皆と先へ行ってよ」

新駒さんはそう云うともじもじしながらすくんでしまった。

「何、車だって。意気地がねえな。ここから家まで何《ど》んなに道のりがあるんだい。もうすぐじゃないか。早く行かないと俺が旦那に叱られるから、早く」

新駒さんはこう仲どんにせき立てられるといやいやながら歩き出した。

「また警察へよらなければならないんだから、早く入らっしゃいよ」

新駒さんにそう云って私と弥生さんはせっせと大門の方へ向って歩いて行った。やがて警察の前まで来て後をふりかえると、新駒さんは一町も先の方から仲どんに脊《せ》をおされおされ来るのだった。そして新駒さんは私達のそばまで来ると急に元気づいたらしく歩き出したので三人は警察へ入って行った。

「只今《ただいま》帰りました」

私達はそう云って娼妓掛りの巡査の前へ立ってると、

「随分おそかったじゃないか。うむ、大分遠い浅草だと見えるな。そうじゃないだろう。浅草をかこつけに色男に逢って来たんだろう」

巡査は周囲をジロリ見廻すと笑いながらそう云った。

「よし」

巡査はそんな冗談を云いながら「よし」と云った。

「巡査もやっぱり男だね。ふだんあんなにかた苦しそうな顔をしててね。まじめそうに、それこそ女のおの字も口に出さない様な怖い顔をしてるけれどやっぱりね。

……」

大門を入ると弥生さんはそう云って皆を笑わせた。

江戸町あたりではもう、縁起をつけるげそ*の音があちこちから聞えて来る。仲《なか》の町《ちょう》の真中に立並んでいる葉桜は、春の終りをなげくかの様に微かにゆれている。

「随分早いわね、もうげそをふってる家があるわ、でも女達の帰りがおそいのかも知れないわね、いそぎましょうよ」

弥生さんはそう云ってややこきざみにいそいで歩き始めたが、でも私達がゆったり歩いてるのを見るとまたゆるゆる歩き始めた。

やがて家へ着いて仲どん始め私と弥生さんは後から御内所《ごないしょ》*へ挨拶して二階の自分の部屋へ行った。私は着物を着替えると、いそいで風呂場へ行って見ると朋輩達は皆入っていた。化粧部屋では三四人、もう化粧しているものさえあった。

暫くして私が化粧し始める頃、あわただしく仲どんが廊下の方からかけて来て、

「春駒さん、新駒さんも一緒に家へ入ったのかい」

いきなりこう私に聞いた。

「さあ何うだったか、たしか妾が二階へ上る時に後から弥生さんが上って来た事は知ってるけれど。新駒さんには気が付かなかったわ。何うしたの。居ないの」

私はこう聞いた。

「困ったな、居ないんだよ、旦那がね、私にまだ新駒さんが挨拶に来ないがまだ帰らないのかと云われて気が付いたんだけれど。たしか家の前までは一緒に来たんだね。困ったな」

仲どんは「困ったな」といく度もくりかえしながら御内所の方へいそいで引かえして行った。

「新駒さんが逃げた」でも私は信じられなかった。家の前まで来たが近所の小間物屋へ白粉でも買いに行ったんだろう、いまに帰って来ると思っていた。そこへ弥生さんが来て、

「一寸春駒さん。新駒さんは逃げたんだってじゃないの。だって、御内所じゃ随分大騒ぎしてるわよ。店の番頭は警察へ行くしさ、仲どんはね、逃げた所でまだ余り遠くは行かないだろうって、そこいらを見に出かけたんだって、……」

そう云った。まさかと思っていたが、弥生さんにこう云われると自分も何だか心がざわついて来た。

「あら、新駒さんがほんとに逃げたの」

そばにいた朋輩達も驚いたらしくそう云った。

やがて「お店が付きますよ」と番頭にせき立てられ、せわしなく仕度をすますと私達は張店《はりみせ》*へ集った。

御内所では主人が、しかし花山さんの逃げた時の様なあんな大騒ぎはしないが、でも大きな声で番頭をどなり付けたり、がみがみ云ってるのが、手に取る様に聞える。

私は張り店へ来てもやっぱりいつもの新駒さんの姿は見えなかった。新駒さんの態度が、今始めて今日一日の変に落付かなかった謎がとけたかの様にはっきり思い出された。

「妾も始めからおかしいと思っていたのよ、それもね、ふだん蔭のぞさもしない人*がさ、公休日の二三日前の朝にかざって妾の部屋へ入り込んで来てさ、こう云うのよ、『妾もうつくづくここの家はいやになってしまったわ、馴染《なじみ》も来ないで。住替《すみか》*えしようかな。ほんとに気ばらしにこの公休日に活動へ行かない』それから約束したのよ、だけどね春駒さん。活動へ行っても少《ち》っとも落付いて見てなかったわね。立《たっ》たり坐ったりして」

朋輩達は皆、弥生さんのこうした話に耳をすまして聴いている。

「だけど春駒さん。あの時よく逃げなかったわね。新駒さん一人おいてお詣りに行った時に。……あの時逃げ様《よう》と思ったのかも知れないわ。それに……おかしいと思ったんだ。千束の通り迄来たら俥《くるま》に乗ってくなんて云ってね、あれで仲どんが付いてなけりゃあの時逃げられたわよ、きっと、妾達はいいだしに使われたわね」

弥生さんはそう云い終ると巻煙草に火をつけた。そして甘《うま》そうに吸うと気持よげにはき出した。

「だけどあの人は始終逃げるって口ぐせの様に云ってたわよ」

一人の朋輩はそう云って横から口を入れた。

そうして見ると、活動へ入った時も、あの料理屋へ上った時も、

「春駒さん、すまないけれど、立かえといて呉れない。家へ帰って一緒にやるから。……」

こう新駒さんは私に頼む様に云ったが、そう云ったのも逃げるのにお金の都合が悪かったからだろうと思った。丁度公休日の前の日が玉割《ぎょくわり》*だったが、でも、大抵の人が玉割の次の日になると、一文も残らない人が多かった。

もう六月の移《うつ》り替《か》*えも間近になって来たが、一ヶ月も前に逃亡した花山さんの噂が朋輩達の口からすっかり消えない内にまたもこうした出来事に、誰もかれもが只驚異の眼を見張るよりほかなかった。

それにまた主人にとっては大事件があった。それは、やっぱり二十日ばかり前に富士見町で芸者をしていたと云う、二十二三の女がここへ住替えて来た。主人がきりょう望《のぞみ》でかかえただけに、女でもとび付きたいと思う程、姿と云い顔と云い何もかもそろったいい女だった。この女がここに住替えに来てからと云うものは、花魁

達の誰もがねたましい眼で見る様になった。そして、それが一日ましにあからさまになって来て、彼女達の心は嫉妬のほのおで盛んにもえ始めた。が、来てから五六日経った朝、その女は家へ着物を取りに行って来ると云って出掛けたまま、夜になっても帰って来なかった。もう二千六百円の貸借《たいしゃく》の取引もすんでいる事なので主人の驚きは一通りではなかった。早速使いの者が女の家へ行った時にはもうおそかった。そして女の母親らしい人も心配して、行ったり来たりしていたが、それから三日目の朝、新聞の三面に女の事が出ていた。それは三角関係から合意の心中と出ていた。相手の男の一人は活動の弁士で一人は芸者当時の馴染客だが、活弁《かつべん》だけは生命を取止《とりと》めたと出ていた。

　そんなこんなで主人は少なからず頭を悩めていた所だった。流石《さすが》に花魁達も今度の続け様の出来事に物を云うのにも主人に対しては、はれ物にでもさわる様に物事を遠慮していた。

「一人やそこらなら何処でもあり勝《がち》だけれど、こんなに続け様じゃ貸座敷ももうからないね、何だかおやじの顔を見ると気の毒な様な気もするね」

「家のおやじもいよいよ悪運がつきたんだろう」

「だけど何と云ったって一度は警察へ引ぱって行かれるんだから、そんな事を考えないんだろうか。いい恥っさらしじゃないの、それこそ……」

こうむきになって云ってる花魁もいる。

「花山さんや新駒さんの様に逃げるが勝《かち》かも知れない」

先から黙って朋輩達の話を聴いていた花里《はなざと》さんはこんな事を云い出した。

「これで家中《うちじゅう》そろって逃げ出したらおやじは何《ど》うするだろう」

朋輩達がそうした話をしているそばから、何だか今の自分が意気地なく哀れに思われた。先手を打たれた。そうした淋しさかも知れない。

新駒さんは十二の年に信州の或る芸者屋へ売られた。そして丁度九年間も勤めたが思わしい事もなく、借金はふえるばかりなので、ここへ住替えて来たのだった。

彼女は六人姉妹《きょうだい》の総領だった。父は日雇に出て働き母は方々の洗濯や針仕事などしてはわずかばかりの小遣を取っていたのだった。

彼女がここへ住替えて来ると、花魁達は黙ってはいなかった。

「あれで芸者してたの、芸者ってがらじゃないね」

花魁達が、こうしたかげ口を云うのも無理はなかった。

あれで八年も九年も芸者をしていたのだろうかと、誰もが不思議に思う程彼女にはいい、きなんて所は何処を探しても見あたらなかった。

「芸者屋に女中をしていたんだろう」

と云う人さえもあった。

日が立つにしたがって、見れば見る程彼女の丈《せ》のひくいずんぐりとふとった姿が、そしてとび足のみじかい、太い足が醜く見えてならなかった。

彼女が初めてお店に出た夜だった。すっかり支度をして張《は》り店《みせ》に坐った彼女を見ると、

「まるでしかけがあるいている様だわね」

朋輩達はそう云って笑った。

しかし、彼女は一つ取《と》り所《どころ》があった。それはかりは朋輩達の誰しも感心しない者はなかった。それは、彼女が稼業中如何《いか》なる時でも、髪を乱したのを誰一人見たものはないと云われている程彼女は何時見てもおくれ毛一本さがっていなかった。

彼女がそうして髪のかき上げ方のうまいのは彼女にとって只一つのめっけ物だった。

しかし、彼女には何時まで立っても馴染らしい馴染は一人も来なかった。

「花魁と云うものは稼業中、頭の根がぬける程髪が乱れてもいいんですよ。それがほんとうの稼業ねっしんと云うものです。花魁が髪がこわれるだろうかなんて、髪をかばうようじゃとうていい稼業なんかやってゆけませんよ。そんな事じゃいい客は取れませんね。髪なんか何うでもいいから、もう少ししっかりやって呉れなければ困りますよ」

ひけ*過ぎると、彼女はやりて部屋*でおばさん*にこんなおだんぎを聞かされる事が度々あった。

　おばさんからそんな小言を聞いたり自分で気に入らない事があると、彼女はすぐ怒って、いきなり着物をまくり、大きな太いももを出して平手で二三度打つと同時に、

「ぐずぐず言《い》やがると、逃げっちゃうぞ」

　口ぐせの様にこう云っていた。何かにつけても、太いももを打っては、

「逃げっちゃうぞ」

　と云った。

　また常に彼女のする事なす事すべての態度が不貞不貞《ふてぶて》しくまた下品だった。

　一坐しても客が台の物を取ると、客が居なくなればその台の物*を食べてしまっては知らん顔をしていたりして一番困らせられた。朋輩はまさか妾は食べませんと客の前で云う訳にも行かず、……そうしては客の感情を害してしまう事などは少なくはなかった。

ら客が付かないのだとも想像された。しかし彼女は、自分より一つでも年上の朋輩達と一坐した時には少しもそうした態度は見せなかったのも彼女の一面《いちめん》面白《おもしろ》い性格

だった。

彼女の今度の逃亡について、主人は花魁達に可成り色々の事を聞きただした。

彼女の母は始終ここへ彼女の洗濯物なぞを取りに来た。そうした所から、きっと母親とも話合《はなしあい》なんだろうと云う者もあった。彼女が逃げ出す二三日前も母が来て長い時間彼女と何だかこそこそ話をして帰ったと云う者もあった。

また彼女は逃げる当時芸者時代の馴染客で請負師《うけおいし》*をしている男としきりに手紙の往復をして考え込んでいたと云うものもあり、そう云えばその男が四五日前に来て彼女は泣いていたなぞとそんな風に花魁達は色々と各自の想像を話題にしたが、結局はいつになっても帰って来なかった。

暫くしてこんな噂が起った。彼女はここから逃げ出して、府下の或る料理屋にかくれていたが、前から頼んでおいた壮士*のために見つけられ、借金は元々通りその料理屋から返されたと云う事だった。

それから間もなく、彼女が警察へこうりゅうされていると云う新らしい噂を耳にした花魁達は一層驚いた。

「新駒さんは日本堤の警察へこうりゅうされて、今大変にひどい目に逢ってるね」

おばさんはさも自分で見て来た様に云った。みんな御内所の芝居なのだ。

「だけど、新駒さんがこの間どこかの料理屋でつかまったと聞いたけれど、ほんとかしら」

一人の朋輩はそう云っておばさんに聞いた。

「そうさ、そんな悪い事をして、つかまらないじゃいるもんか。借金はなおふえるしさ、人を頼んで大騒ぎした費用はみんな逃げた者の借金になるんだからね。その上警察でこうりゅうされ、ひどい目に逢ってさ、だから、いくら逃げたって駄目の事さ。馬鹿《ばか》のものさね」

おばさんはこう云って花魁達に話して聴かせた。

しかし、その後いつまでたっても彼女の身上《みのうえ》に関する外からの消息は皆目なかった。

# 甚助お客

部屋の掃除をすまして、茶簞笥《ちゃだんす》に艶布巾《つやぶきん》をかけていると、千代竜《ちよりゅう》さんが入って来た。

「春駒さん、妾《わたし》ね昨夜《ゆうべ》の甚助＊お客には閉口して終《しま》ったわ。一寸《ちょっと》聴いて頂戴《ちょうだい》よ。あれっからね、馴染《なじみ》が来たのさ、そこへ行ってると、何だか障子に影が写っている様《よう》だからあけて見るとあの客が立聞きしているんじゃないの。仕方がないから部屋へ引張って行って寝かせたの。そして今度他の客の所へ行ってるとまた起き出して妾の草履《ぞうり》を探し廻っていてさ、さんざんおばさんに世話をやかせているんじゃないの。お蔭で馴染を怒らせてしまったわ、いやな甚助ね」

千代竜さんはわめき立てていた。

甚助お客と云えば、去年の秋、上った客の事を思い出す。その客は兵庫県の行商人で、一週間ばかり居続けして行った客であった。

　この客は始め三円の遊びでまわし部屋*へ入ったが、後でおばさんが、

「あの客は田舎者だけれど、お金を沢山持っていそうだから、本部屋*へ勧めて御覧」

と云うので、話して見ると一もなく承諾した。

　本部屋へ入って見ると、田舎者にしてはこうした色町に遊び馴れているのに驚いた。

　お客はお金の使い方が綺麗なのでおばさんのもてなしががらりと変った。

　併《しか》しこの客は一通りの甚助ではなかった。

　やりて部屋へ来るにもいちいち付いて来た。

　夜他の客が来ておばさんが呼びに来ると、

「金はいくらでも出すから、他へ行かないで呉《く》れ」と云って襦袢《じゅばん》の裾を押えて離さない。

　けれど、ここの掟として他の客を取らないと云う事は出来ないので、一寸用があるから行って来ると云って出て行くが、すぐ後からのこと出て来ては、引付《ひきつけ》*の障子を指であなをあけて覗き込んだりする。厠《かわや》へ行くにも私一人で行かせない。一寸廊下の方で草履の音がしても私を呼びに来やしないかと目をきょろきょろして、

「また来たか」と着物の袖を摑まえたりする。

終いには大きな蟇口《がまぐち》を出して、

「これをお前に預けておくから、決して他へ行かないで呉れ」と拝んで云うので私も何《ど》うしていいかほとほと分らなくなった。蟇口には三四百円位入っていた。朋輩《ほうばい》達が一寸用があって呼びに来ても、その朋輩にいくらでも玉《ぎょく》をつけてやるから中へ入って話をしてお前は他へ行かないで呉れと云う。

そう云う風なので、おばさんとその客の間に入って一番困るのは私だった。おばさんにはその客はお金を持っているのだから出来るだけうまく気嫌《きげん》をとって呉れ、他の客の所へ行くにもあんたが上手に云えば客だって柔《やさ》しくならない事はないと責められる。客の方では一寸でも私を離すまいとする。私はこの時位困った事はない。そうかと云ってこの客は何うこうすると云うのではない。側《そば》に付いてさえすれば喜んでいる人だった。

私も、終《しまい》にはこの人に気の毒になって他の客の所へ行かなくもいいからこの客の所にいてやり度《た》いと思う様になった。

その翌《あ》くる晩だった。続け様に客が三人上った。その甚助お客は部屋の障子を開《あけ》たり閉《しめ》たりしてのぞいていたが、私が行くと、

「おらあ、とても我慢しきれない。お前が他の[redacted]のを考えるだけでも苦

るしいからお前にすまないと思うが他の楼《みせ》へ行って来る、頼むから五円呉れ」

と云うので、他の楼へ遊びにやった。

こう云う時には少しでもおそく帰って来て呉れればいいと私は思った。

その夜丁度《ちょうど》馴染客は皆帰ってしまった。がその甚助さんはひけ過ぎても帰って来なかった。私もそのまま部屋で一人で寝ていると、夜明方ひょっこり帰って来た。

「やっぱり他へ行っても面白くない。すぐ帰って来ようと思ったが、まあだ客がいると思ったので夜の明ける迄我慢して寝ていた。……」

と云いながら火鉢の前に座った。

四日目の朝だった。おばさんが呼ぶのでやりて部屋へ行った。昼間はお客がいない事を知っていたので、客は部屋に柔《おとな》しく待っていた。

「ね、春駒さん、あのお客に何とか云って鏡台を買って貰ったら何《ど》う。めったにあんな客にぶつからないからね、こう云う時だよ、何でも遠慮しないで買って貰いなさいよ、きっとあんな人だから厭《いや》だなんて云わないよ、妾が後から行って甘《うま》くかけ合って上げるからね」

こう云っておばさんは赤い舌をペロリと出して笑った。

おばさんは早速やって来た。

客は相変らずチビリチビリお酒を飲んでいた。

「おうおう仲がいい事、よく似合いますよ旦那、やけますね」

　と云いながら入って火鉢の側に坐った。そしてお客の敷島をとって火をつけた。そして客の顔色を窺っていたが、

「もうすっかり家庭的ですね、だけど何となく淋しいが、……あ、そうだ鏡台がなかったわね、一つあると大変引立つんだけれどね、……」

　愛嬌たっぷりに惜《つく》られたおばさんの顔の笑《わらい》には卑しさがありありと現れていた。

「ああここは鏡台がなかったっけね」

　と客は今更らしく部屋中を見廻した。

「あなた、可愛《かあ》いいお春さんに一つ買ってやって下さいよ、何んなんでもいいんですよ、ね、縁結びって云う所で、いいでしょう。またお春さんだって今度入《い》らしった時には普通のお客扱いはしませんよ、それにいつでも『この鏡台はあなたに買って貰ったんだっけな』と思い出してね、親切なあなたをいつまでも忘れませんよ。これでね、二十円出せば立派な物が買えますよ。ね、あなた、一杯余分に飲んだと思って買ってやって下さいよ。いいでしょう、ね」

　おばさんは頻《しき》りに責めた。

「仕方がない、買ってやろう」と云って二十五円呉れた。おばさんはすぐ近所で注文して来た。早速立派な鏡台が部屋に運ばれた。

この時他の朋輩の二三人位しか鏡台を持っている人はいなかったので部屋が急ににぎやかになったのと、部屋らしい気持がして嬉しかったが、男の蟇口から取出す私の手は変に落付《おちつき》を失っていた。そして、急にこの男が淋しく感じられ、また、私も、うしろめたく落付けなかった。

この人は妻も子もない人で、毎年《まいねん》行商に出てはそのもうけたお金のなくなる迄使いあるくのだと云っている。

またこの甚助お客はおばさんの為には規定以外のお金を随分取られた。こんな時でなければ取れない、取れるだけ取ってやれと云わんばかり、おばさん達のやり方は余りにやりて婆《ばば》*式であった。

普通全夜《ぜんや》の玉一本十二円、それに遊興税《ゆうきょうぜい》*六十銭御祝儀*一円、全部で十三円六十銭払えばいい訳であるのに、全夜の玉一本に対して平均十五円ずつも取っていた。床《とこ》番《ばん》*や下新《したしん》なども、自分の利益を得ようと始終客の機嫌を取りに来る。そうして何とかかとか云ってお金を使わせ様とする。

煙草を買いに頼むと、五円持って行って敷島を五六個も買って来て、

「ね、旦那、番頭達にもやって頂戴ね」

と云って一つ位しか残さないで皆やってしまう。

「旦那いいでしょう、後の残りを御祝儀にね、それでも旦那、この御祝儀は家中《うちじゅう》で

分るんですからね、一人でいただくんではないんですから……」

　と客の返事も聞かない内に懐《ふところ》へ入れてしまう。そうしておいて一生懸命客の御機嫌を取る。

「だけど旦那、なんですよ、人間は何《ど》うせ暮すんなら斯《こ》うして面白く暮す方がとくですよ。これでなまじっか妻や子供を持って苦労するより一人で取ったり使ったりしている方が一番いいですね。それに人間はいくら働いても死んで持って行けやしないからつまりませんね。妾もほんとに旦那の様な株になり度いと思いますよ。こうして若い娘をそばにおいてさしつさされつ、まんざら悪い気持もしないでしょう旦那。エヘ、、、、」

　などと云ってまぎらしてしまう。そしてかげでは私に向って、

「ほんとに、あんなかもは中々引《ひき》かからないからね、お春さんあんたも一銭でも多く玉にして貰いなさいよ、それにこう云う時だから『借金が多くて困る』って少し小遣を貰ったら何う、……あんたが甘くねだれば、いやだとは云わないよきっと……。そしてね、ああ云う客はね、怒らせるとそんだからね、この際一日でもよけいに居る様に上手に機嫌を取る様にしないと。それにお客なんてものは、その時だけ面白く遊ばせてやればいいんだからね……」

　とおばさんは一生懸命すすめていた。

丁度一週間も居続けした朝になると客は帰ると云い出した。おばさんや私がいくらとめても聞かないで支度を始めた。

「今迄こんな廻し*のある所で遊んだ事はない。もう懲々《こりごり》した。こんなに気を揉み通しで遊んだのは始めてだ」と、でも笑いながら云った。おばさんは私を蔭に呼んで、

「あんたがもう少し甘くすればいくらもいるんだけれどもね。ほんとうにこの人は意気地なしだよ、あんな鳥をにがしちゃ……早く行って止めなさいよ」

と、うらめしそうな顔をして怒りながら云っていた。

客はとうとう帰ってしまった。帰り際に私に小遣と云って十円呉れて、

「また来年来るから」と云って帰った。

私もこの時位気を使った事も、また、困らせられた事もない。

併しあんなお客は珍らしい。その後国へ帰ってからも度々手紙を寄越した。

そしてその度毎に、きっとあの別れたその朝、向いの角海老《かどえび》の屋根が真白だった事が思い出される。

## 何が彼をそうさせたか

彼が支那へ落《おち》のびてから一ヶ月許《ばか》りたって彼の下宿屋の番頭が彼の居所を聞きに来た。

「あなたが松澤さんの居所を知らない筈《はず》はないでしょう。あんなに来ていた人ですから、それに家《うち》の下宿代も半年近くもたまっているんですからね。下宿人にそういちいちこんな事をされちゃ下宿屋も上ったりですよ」

番頭はそう云って彼の下宿代の事まで私に話した。

「そんな事を私に云っても知らないものは知らないんですからね、いくら客を取る商売でも、その客が何処《どこ》かへ行ったからって、いちいちかんしょうなどしてやしませんからね、知らないものを聞こうとしても無理ですよ、ほんとに迷惑しますね、それより松澤さんの親も相当にあるんでしょうから、親元へ行ったらいいじゃありませんか」

「ええ、その親元が分らないんですよ。九州は九州なんですがね、私の方もうっかりしてたんですよ。帳簿を見て国へ問合せたんですよ。ところがそんな所はないんですね、とにかくあの人が出てから一ヶ月にもなるんですから、その間《あいだ》随分探したんですが、何《ど》うしても分らないんですよ。それから色々相談の上、あなたより他に居所を知ってる人はないってんですがね。何もあなたに下宿代を何うの斯《こ》うのと言うんではなし、只所《ただところ》さえ知っていたならば教えて頂けばいいんですから」

「でも知らないものをいくらせめても仕方がないですからね」

私はまだ下宿屋の番頭が疑ぐっているらしい口っぷりを聞くとムッとして思わず、つっけんどんに云った。

「そうですか、あなたが知らないとなれば、私の方も最後の方法を講じるより他ありません」

番頭はやっと諦めたかの様《よう》にそう云って帰って行った。

彼が支那へ行かなければならなかったについては或る深い事情があった。

彼は早稲田の商科に学んでいた。彼が私の所へ来始めたのは丁度昨年《ちょうどさくねん》の秋だった。

その夜彼は制服を着て上った。そして酒気をおびていたが、それでいて部屋へ行ってても考えてばかりいて口もろくろくきかなかった。

学生にしては余りにぱきぱきしない変な人だと思った。

彼は自分の長くのびた髪の毛が鼻の方までたれ下っているのをうるさがりもしないで考え込んでいるのだった。

「何うなすったんですか」

私は暫《しば》らくしてから聞いた。彼はようやく顔を上げ、片手で髪の毛をかき上げて、微かに笑った。

「何考えて入《い》らっしゃるんですか」

私はまた聞いた。

「いや、そんな事を聞かんでもいい。僕は少し考える事があるから君少しの間他へ行ってて呉れ」

彼は九州弁でそう云うと静かに眼をとじた。

私は他にもすぐ帰る客があったのでそこへ行っていた。約三十分もたつと他の客は帰った。

私はまだ早いと思ったのでやりて部屋で暫く遊んでから再び彼の所へ入って行った。

「やあ来たね」

彼は先刻《さっき》よりは、やや晴々しい笑みをうかべて云った。

「君、讃美歌知っている？　『みのれる田のもは見渡す限り』あれを僕に唄ってきかせて呉《く》れんか。僕はあれを女の細い声で聞き度《た》いと思っていたんじゃ」

彼はしきりに唄えとすすめた。私も讃美歌が大好きなので彼の云うなりに唄った。

みのれる田のもは見渡すかぎり
穂なみの立ちつゝ日影にぞにほふ
たりほは色づきとがまをまてり
いざやともにからんとき過ぎぬまに

彼は黙って下を向いて聞いていたが、私が唄い終ってもまだ顔を上げないで、何だかぼんやり考えているらしい様子だった。私は始めからそうした彼の様子が変なので、何か心配事でもあるのかしら、そう思って黙って、彼の顔を見ていた。私が黙っていれば黙っている程彼も黙って考えていた。

「あ、僕は何考えているんだ。意気地なしが、君は僕の事を変な人間だと思ってるじゃろう」

彼は急にそんな事を云い出した。

「いいえ別に何とも思ってやしませんけれど、あなたは何か悩《なやみ》があるんじゃなくって、……」

「悩、誰だって何かしら悩があるじゃろうが、僕のは悩、いや悩じゃないんじゃ。あたり前なんじゃ。いつかは僕の今考えている事を君に聞いて貰う時も来るじゃろう」

そう云って彼はわざとらしく笑うと、また云った。

「君、僕の様な男でも、話相手になって呉れるか、何《ど》うじゃ」

「話相手になっているじゃありませんか」

「そうか、これから大いに来るぞ。やけだ、大いに遊んでやれ」

彼はやけに窓ぎわの柱に頭をコツンコツンと打《ぶ》つけながら叫んだ。

「じゃ僕は君に聞くがね。君が熱烈に恋をしている或る　人の恋人を持ってるとするね。その時親の方では君を何うしても金持の所へ嫁にやると云ったら君は何うする。やっぱり物質に生きようとするじゃろうな。女は、……君は何うじゃ、女は末の事を考えてやっぱり楽な方へ行くじゃろう、君は何う考える。君の意見を聞こう」

彼は突然あらたまった口調でこう云った。

「妾《わたし》、妾ね、こう云う主義なんですの、一体金持なんてものは大嫌いなんですの、むしろそんなものに対しては反感を持ってますわ、それにあなた方はこうした所にいる女は物質に苦しんでいるから素人より以上に物質に生きようとする女が多いと思っていらっしゃるか知れませんけれど、妾一人の考えでは、少なくも自分だけは精神的に生きようと決心してますの、物質によって結婚するなんてこんなつまらないものはありませんわ、恋人同志が無一物でお互に苦労して苦労をしぬいてきずき上げた生活こそ、それがほんとうの生《いき》がいのある生活だと思いますわ。で、妾は変っているかも知れませんけれど、精神的に満足を得られる結婚が出来なければ結婚なんかしない方がましだと思ってますわ……」

私は自分で今迄考えていた事をすっかり彼に話した。

彼は熱心に首をうなだれて聞いている様だったが、

「ふむ、君は中々えらいね。そう云う気持があるんかな。だが、今の女は口ばかりじゃからな」

そう云って彼は首をかしげた。私は今自分が云った事について彼が上《うわ》調子に聞いていたのだと思うと、ムッとした。

「ええ、ですけれど、あなたの様にそう一様には云えませんわ。そんな人が多いかも知れませんけれど。でも妾はそれだけは自分で自分を信じているんです。現にこの人達は皆んな云ってますわ。今迄こんな所にいたんだから性に満足しなくてもいい、老ぼれ爺《じじい》でも何でもいいから只物質に満足を得られればいいなんて、いつもそんな様な事を云ってますけれど、そうね、そう云う人達の生き方が本当かも知れませんわね。だけど妾厭《いや》ですわ。妾は誰が何と云っても、自分の思う様に進みますわ。そう云うあなたこそ、金持なんでしょう。そして大学へ行っていて。あなたなんか妾の気持が分りっこないわ」

私は興奮していた。そしてなおも云い続けようとしたが、何故か彼が苦笑して妾の顔を見ていたのでそのまま口をつぐんだ。

「君、そうむきにならんでもいい。まあいまに僕の気持も分る時が来るじゃろう」

彼はそう云った。

その夜十二時頃に彼はまた来ると云って下宿屋へ帰った。それから二三日過ぎると彼は大島の袷《あわせ》に袴《はかま》をはいて来た。

「今日は金がないから、一時間だけ話して帰る。すまないけれど」

彼は三円出した。

「今日は一緒に讃美歌を歌おう。だが、こんな所で歌うべきものでないから、君もお祈りし給《たま》え」

部屋へ行って坐ると彼はそう云って両手を膝の上へおき、静かに眼をとじると、口の中で何か云ってまた、静かに眼を開《あ》いた。彼は私が笑っているのを見ると、にらみ付ける様な顔をして言った。

「君はお祈りしないんじゃろう」

「ええ、だっておかしいんですもの、でもお祈りすると云う気持さえあればいいんでしょう」

私がそう云うと、いつもの彼に似合わない大きな声で愉快そうに笑った。

暫く話をしていると彼は腕時計を見て、

「一時間と云う約束なんじゃから帰る」と云って立上《たちあが》った。

「今日は金がなくて悪かったが、そのかわり明日はゆっくり来よう。君に迷惑かけるからこれで失敬する」

と云って、彼は下宿屋の電話番号を教えて帰った。

その明くる日彼は宵の内に来た。彼は来る度に多少酒を飲んでいない事はなかったが、今日はいつもより多く飲んだせいか、真赤な顔をして、さも苦しそうに臭《くさ》い息をはき出すのだった。

「クリスチャンがそんなにお酒を飲んでいいんですか」

私は火鉢のそばにあぐらをかいている彼に云った。

「いくら酒を飲んでも悪い事はないさ。もうこんな帽子も僕には不用じゃ」

彼はポケットの中へねじこんであったしわだらけの角帽《かくぼう》を、床の間の上にほうりなげた。学生は廓《くるわ》の中へは制帽を冠《かむ》っては入れないので、皆 懐《ふところ》に入れるなり、たもとに忍ばせるなりして来る。――

「何《ど》うして」

「もう何もいらん」

　彼はそう云いながら窓硝子《まどガラス》によりかかって腕をくんだ。昨日あんなに元気だった彼が、何うして今日はまたこんなにしおれているのだろう。私はそう思って、いつでも彼の方から讃美歌を唄おうと云うが、今日は私の方から云ったが、彼はそれでも黙っていた。彼の眼は涙で曇っている様だった。私が彼の顔をジッと見つめると、彼は力一杯眼をとじて涙をかくそうとした。私はやっぱり彼が泣いている事が分った。

「あら、泣いていらっしゃるの」

「僕は泣きやせんよ。しかし、男も或る事件にぶつかると、こうまで気持が変ってしまうものじゃろうか」

　彼は、でも眼を開こうともしなかった。

「まあ僕のする事を黙って見てて呉れ、僕、今夜は余りいらいらして君がいると考えられんから、一晩中来ないで呉れ」

　彼はいつもとは異《ちが》って怒り気味にそう云った。私がいつまで彼のそばにいても一言も言葉をかけなかった。私は昨日の彼と全く別人の様な気がした。

かった。


しかし明る朝《あく》になると、急に元気になって晴々しく笑うのだった。

その後彼は続け様に毎日来た。その度事《たびごと》に彼の気持は七面鳥の様に変った。

今迄随分学生も来たが、彼の様に来る度に全夜《ぜんや》の玉《ぎょく》十円出して遊ぶ客は一人もなかった。

来ても精々《せいぜい》出して五円位だが、一週間と続くものはなかった。

それにしても彼はよくお金が続くと思って感心した。それに一度も他の客の様に何一つとして立替えて呉れとも云わなかった。

「あなたにこんな事を云っては失礼ですけれど、学生さんでよくそうにお金が続きますわね。尤《もっと》も遊ぶだけの余裕があるからでしょうけれども」

或る日私は彼に云った。

「君はえらい事を云い出した。そうじゃろう。学生でこんなに遊ぶものはないからな。誰の親だって学費以外に余分な金は送って呉れやせんからな。君は僕を不思議だと思うじゃろう。無理はない、そうじゃろうな」

彼は一人で納得したかの様にしきりに首をかしげていた。

しかし彼の口から予想以外の事を聞いた私は驚かずにはいられなかった。それは、彼があらゆる物を質に入れて、金に替えた事が分った。

「それまでにして、僕が遊ばなければならんと云う僕の気持を察して呉れ。それによって、僕はこの土地を離れなければならん。遠からずじゃ。その時、僕の気持を君に聞いて貰おう」

そうして、ずっと前に彼が着て来た大島の着物も、国から送って貰ったばかりなのに、あの時が着始めの着おさめだったと彼は云った。そして彼の腕にも、この前迄していた腕時計の影も形もなくなっていた。

下宿屋の彼の部屋には高価な書籍が山の様に部屋一杯につみかさなっていた。今迄彼として、その本は明けても暮れてもなくてはならないものの様に、また自分の生命の様に思っていた。

それ程彼にとって大切な、大好きな本までも今は手を付けなければならないと、彼は男泣きに泣くのだった。

ああ、やっぱりそうだったのかしら、それまでになるには余《よ》っ程《ぽど》の事情があるに相違ないと思ったとき、彼が気の毒になり、何だか自分も悲しい様な変な気持になるのだった。私け早くその事情が聞き度いと思ったので、今話して貰い度いと云ったが、彼はかぶりをふって、

「いやいや、今は駄目じゃ、今は云うまい。今ここで聞かないで呉れ」

彼はそう云って、両手を額にあてた。二人の間には暫く沈黙が続いた。私はこうした二人の情景が、丁度活動写真で悲劇が演じられている場面の様な気持もした。

彼に、たとえ何《ど》んな事情があろうとも、そんな無理をしてまで来ていた事を聞いたからには、私も黙っていられなかった。そして、ほんとうに彼を慰さめてやり度い気持になった。

「あなたに何んな事情があるか知れませんが、そんな無理をして何うしてこんな所へ入らっしゃるんですか、今あなたの抱《いだ》いている苦しみが、ここへ来たからって、やっぱりそう考えてばかりいては薄らぐって事はないでしょう。そして結局は自分で自分を苦るしめる様なものね。でこんな所へそうした無駄なお金を使いに入らっしゃるよりも、何《ど》こか郊外の淋しい所へでもいらしって一人ぼっちで考えた方が、かえって晴々しい気分になれますわ」

私はこんな事を云っている間でも、何だか自分が彼に対して、まるで、五つか六つの子供に物を云ってきかせる様なものだ、と思ったが、これより他言葉が出なかった。

やがて彼は力なさそうに顔を上げると、云った。

「有難う、有難う。僕が勝手に苦るしんでいて、君にまで心配かけて悪いね。しかし君の所へ僕の様な陰気者が入って来て、面白くないじゃろうが、もう少しの間じゃ、許して呉れ」

彼はまたも悄気《しょげ》返《かえ》るのだった。

彼はその後《のち》、一週間も来なかった。私は気になるので、番頭を頼んで雑司《ぞうし》が谷《や》の彼の下宿屋へ電話を掛けさせた。すると男の声で、二三日前彼は熱海へ旅行して来ると云って出て行ったとの事だった。

それから十日も経《た》った朝の九時時分、彼はひょっこり来た。

「あなた熱海へ入らっしたんですって、……」

私は彼が部屋へ入るか入らない内に聞いた。

「何うしてそれが、ああ電話をかけたんじゃろう」

「ええ、女の声じゃ悪いと思って番頭に掛けさせたんですの」

「そうじゃろう。僕は出掛ける時に、何処から掛《かか》って来ても、行った先を話して呉れと云って出たから。……」

と、彼は云った。

「今日こそ僕は君に、あらためて話をしなければならん。だから今日だけは少しも酒を飲んでやせんよ」

私は彼にそう云われると、彼が遠からずこの土地を離れると云った事を考え出して、いよいよ最後の日が来たのかしらと思った。

「では今日は、今迄あなたが悩んでいた事を話して下さると云うんですか」

「そうじゃ、僕は決心したんじゃ、そのために熱海へ行って来たんじゃ」

そして彼はその話は、他に客がいては出来ないから朝早くから来たと云った。

「僕は今迄君に心配かけて悪かったね。君が商売柄、僕の様なものの機嫌を取らなければならんと思うと僕は実にすまないと思うね。しかし今日一日だけじゃ、一日だけじゃ、我慢して呉れ、これから僕が話す事はよく若いものにありがちじゃ。しかしそれが、君達にいい学問になるじゃろうと思う、——僕は、……」

そう云って彼は事の起りを語り始めた。

彼の家は九州で、その土地でも有名な大きな荒物問屋《あらものどいや》であった。彼は五人兄弟の真中だった。が、家の都合上小学を卒業すると、府下大塚にある叔母の家にあずけられる事になった。そしてそこから中学に通っていたのだった。

また彼の家は、代々の基督《キリスト》教信者であった。

彼は日曜ごとに大塚の或る教会へ行っていた。しかし彼が中学三年になったとき、その当時、同じ教会へ行っていた娘があった。

彼女は彼の中学のそばにある文房具屋の娘であった。

そして彼と彼女はしばしば教会で会っていたが、何かしら二人の間にはお互に引付けるものがあった。彼が中学卒業間際になった時、やがて来《きた》るべき幸福を胸に抱きながら、二人は固く将来を約し、彼はその上の大学に入学したのだった。大学に入ると同時に、彼は或る事情で、下宿住居《ずまい》をする様になった。

その間彼と彼女との関係はこともなく進んで行った。

「で、二人はプラトニックラブだったんですか」

彼の話が、ここまで来て一寸《ちょっと》とぎれたとき、私はこう云って聞いた。

「それは勿論《もちろん》僕は、女の貞操《ていそう》を尊重していた。ところがじゃ」

彼はまた話し続けた。

彼が後一年で卒業すると云う時になって、彼女は彼にことわりもなく他《よそ》へ嫁に行ってしまったのだった。それは同じ文房具店の一人息子の所だった。行く先が金持なので、彼女の親は無理に彼女を責めて承諾せしめたのだった。

それを知った彼は一時《いちじ》に失望してしまった。そうして心の痛手を受けた彼は、そのために、学問も、希望もあらゆるものを捨ててしまった。

「君は、僕が随分意気地がない男と思っているじゃろう。が、僕は何と思われてもいいのじゃ。しかし僕はもう絶対に悲しまん。今更《いまさ》ら悲しんだって仕方がありゃせん、ね君、今日一日を気嫌《きげん》よく遊んで別れよう。そうしよう。そうしよう」

彼はそう云って深いため息をはさ出した。

女一人のために、こう迄なってしまうものかしら、私はそう思いながら暫く彼の顔を見つめていたが、しかし、純な、そして、真面目な彼が、そうして苦しむのも当然だとうなずかれた。

今迄こんな所へ足ぶみをした事がなかった彼が、やっぱり女のために、こうした所へ来る様になったのだ。

ああ世の中には、そうした女が多いから、男がこんな所へ足ぶみをする様になるのだ。

私はつくづくそう思った。

そして彼は、明日の午後八時半の船で横浜を出発して支那へ行くと云った。

「実は……」

彼は一段声をひそめて云った。

「こんな訳で色々金も遣ったので、ここの所三四ヶ月ばかり下宿代も払わずにいるんじゃ、しかし今下宿屋から出るとしても、決して損をさせて出て行きやせんよ僕は、……」

彼はあれだけあった本を、三分の二は売ってしまったのだった。しかし、後残っている本は、今迄の下宿代としておいて行くと云った。

「今あるだけの本を売っても下宿代を払った以外に、随分余る位、価《ね》うちがある本ばかりなんじゃ、僕は勿論下宿屋へも黙って出るから、もし誰が尋ねて来ても、僕の事は絶対に知らんで通して呉れ給え」

彼はそう云った。

それから十一時頃になると、彼は帰ると云った。

「君、もう最後の別れじゃ。いつもの讃美歌を二人で唄おう。そして別れよう」

そして彼は一人で唄い始めた。私は何だかいやな気持がした。

「いざやともにからんときすぎぬまに、……」

彼は終《しま》いまで唄ってしまうと、

「おお、この唄は、あの女がいつも口ずさんでいた唄だった。それを何《ど》うして僕は、……しかしもう唄い終いだ。……」

彼は快活に立上った。

「君達者《たっしゃ》で暮して呉れ給え。じゃ失敬。……」

彼はそう云いすてて、大股《おおまた》に廊下を歩いて梯子《はしご》を下りた。

彼はあみ上げの靴をはいて楼《みせ》の前へ出ると、暫く立って方々見廻していた。ここももう見おさめだと云う様に、……

何と云う淋しい姿なんだろう。私はそう思った時、涙ぐましい様な感じがするのだった。

彼は再びこっちをふりかえると、一目散に大門《おおもん》の方へ走って行った。

私は暫く彼の後姿《うしろすがた》を見送っていた。

それから三日目の朝、途中門司《もじ》から彼の手紙が来た。

# 島田嘉七

私の所へ来た客で、蒲田《かまた》撮影所にいると自称していた、Kと云う男がいた。彼は或る夜の一時頃私が、売れ残りとでも云った様《よう》な恰好《かっこう》でやりて部屋で遊んでいる時、上った客だった。

Kは二十三四のいやにしなしなした、にやけている男らしくない男だった。多くの若い女が、そうした華《はなや》からしく見える撮影所にいると云えば、或る好奇心を持って彼を待遇するとでも思って、欺《だま》かしに云ったのだろうと私は疑《うたぐ》った。

彼が二度目に来た時女優の実際生活や色々の事などを聞いた。すると、彼は誰々はこうした性格で余り素顔はよくないの、誰さんは素顔の方がいいの、そして食物《くいもの》が悪いとか想像以外のだらしのない生活など、色々事実らしく話した。私は始め、そうした色々の事を知っている所を見るとほんとうに撮影所にいるのかも知れないと思った。けれども、私は自分が女優の総《すべ》ての生活を知らないから彼の云う事が事実らしく聞えたのだろうと思ったりした。

しかし、私は小さい時から活動や芝居は大嫌いだった。ことに映画女優連中の無貞操《むていそう》な、不品行な生活を嫌《あ》き足らなく思っていた。「華やか」さえ得られれば、何物でも犠牲にすると云った今の女優は私達女性の害虫であると思っていた。

「妾《わたし》は活動とか、芝居は大嫌いなの、それよりも妾音楽が大好きなの」

私は彼の云った事を頭からはねのける様に云った。

私は、若い娘達《むすめたち》を誘惑するに足る形容詞を使って華やかそうな女優生活を語っている彼に何だかしら反抗の心に燃えていた。

「あなたは、妾達に何でもそんな華やからしい事を云ったら、女の歓心が買えると思っているんですか、こんな所だからって、そんな事にのる女ばかりいやしませんよ。お、いやだ」

私はなおも続け様に云ってやった。そしたら何とも云えない痛快さを感じた。そして、何か云おうとすると、彼は早速話題をかえて云った。

「あなたは音楽が好き、……僕も大好きなの、じゃ夜の調べか、ユーモレスクでも一緒に唄おうか」

そう云って彼は一人で唄い始めた。それにしても、彼は何の唄でも知っていた。

そして私の知らない唄まで唄って私に教えると云った。

彼はそれから度々来る様になった。そして色々な音譜を持って来ては私の所に置いて行った。来る度に唄を唄わない時はなかった。

また彼は札幌農大の校歌がおはこで必ずそれを唄った。

しかし私は彼のすべてが嫌いだった。「男らしくない男」彼と逢う度に思わない事はなかった。

彼は如何《いか》なる時でも紙白粉《かみおしろい》を持っていない時はなかった。朝起きると必ず人に顔を見せない内にその紙白粉を付けて起きた。そして洗面後も必ずクリームと紙白粉をつけた。

それに、まるで女の様に内足《うちあし》に歩いた。また口のきき方でも男らしい所は一つもなかった。

「Kさんの口ぶりは蔭で聞いてると、男だか女だか分らないわね」

よく朋輩《ほうばい》達はそう云った。

私も彼が来るに従って彼の色々の動作や態度がいやになった。そう思えば思う程彼のあらが見えてならなかった。

いつか私は彼にさんざ云った事があった。

「第一あなたは少しも男らしい所がないのね。もっとぱきぱき物を云ったり、したり出来ないの」

彼は暫《しばら》く黙っていやな顔をしていたが、

「じゃ何《ど》うすれば男らしいの。で一体女は何う云う男をすくか話してくれない。……」

彼はまた続けて云った。

「女に好かれる様にするには何うすればいいの。今度僕がした事で何でも男らしくないと思ったらすぐ云って呉れない。そうすれば僕は何んなにでもなおすから。……僕は何うしてこんな人間に生れたんだろう」

そう云ってしきりに考えていた。

「僕は貴女《あなた》に何を云われても、それに対して飽くまで服従しなければならない僕の弱い心が貴女に何を要求しているか分ってますか。僕は今迄女に欺され通しで来ました。だけどこの淋しい僕の気持は或る何者かを求めなければ、駄目なんです。僕はほんとに淋しい男なんです。ああ僕は何処《どこ》へ行っても大涯の孤児の寂寥《せきりょう》をただ呪わしく見つめねばならない」

彼はいつか、窓に腰をかけてこんなセンチメンタルな事を口走って、夜明けまで一眠《ひとねむり》もしなかった。

或る夜、彼は一週間ばかり旅行していたと云って来た。

「生憎《あいにく》ロケーションに行ってたね、来られなかったんだ。ほんとだよ君」

私は彼が常に似合ない快活なロッ振りに一寸《ちょっと》驚かされた。むしろ私にはその言葉がわざとらしく聞えたが、さてはこの前あんなに云ったからだと思うと余りのおかしさに堪《た》えかねてふき出してしまった。けれども彼はつとめて言葉をなおそうとしているのがよく分った。

しかし二三度はそうした事が続いた、が彼の持前の言葉は何《ど》うしてもなおらなかった。

彼は始めの十数回は五円位ずつ持って来たが、

「いつでも僕のお金が少ないから嫌なのだろう」

そう云って終《しま》いにはいつも全夜《ぜんや》の玉《ぎょく》を持って来る様になると、彼はまた云った。

「春ちゃんは僕に対して、普通のお馴染《なじみ》だと思ってやしないだろうね。少なくとも僕の気持を分っていて呉《く》れるだろうと思っているんだけど、僕は」

「あなたに妾の心がよく分るわね」

「そりゃ僕だって分るさ、それじゃ春ちゃんは一体僕を何んな男だと思っている」

彼は聞いた。

「あなたは女らしい男だと思ってるわ。丁度《ちょうど》あなたは花魁《おいらん》みたいだわ」

「何う云う訳で僕が花魁の様だって云うの」

「あなたは異性の歓心を買う為には何んな事でもしかねないのね、そしてあんたは女に惚れっぽい人ね」

「僕が惚っぽい。惚っぽいんじゃない。そこが僕の淋しい所なんです。僕は女に欺されると知りながら、それでいて、……僕のこの淋しい気持がそうさせるんです。だけど僕はいくら考えても自分で自分の気持が分らないんです。だから春ちゃんに何云われても仕方がないんです」

彼のそうした言葉を聞いて私は、今迄自分が彼に対して何事につけても歯がゆい、女らしい、男だと思っていた事が何だかすまない様な気もした。そして、こう云う男がほんとうの淋しい男かも知れないと思った。女から何云われても強い事一つ云えない彼。

「僕はたとえ女が僕に対して少しの厚意も感じないと思っても、その女が僕に厚意を持っているのだと僕は強いて思いたい」

或《あるい》はそうした彼であるかも知れないと私は思った。

ある日彼は新らしいつむぎ銘仙《めいせん》か何かの着物と羽織を着て来た事があった。

「僕の体について何か変った事はない」

彼は突然聞いた。私は彼が着物の事をほめて貰い度《た》いので、さいそくしているの

だと思ったが、

「何《ど》うして？　いつものKさんに変りはないわ、着物を着替えて来ただけでしょう」

　私はわざと云った。

「僕は春ちゃんが、部屋に入って来てすぐに『いい着物だわね』位云って呉れると思って待っていたんだけど、随分そっけない挨拶ね」

　彼はそう云ってほめられそくなってつまらないとでも云う様な顔をしていた。けれど、着物を賞《ほ》められたいと思う彼の心、私は彼が急にいじらしくなった。そして純な、正直な男だと思った。

　或夜彼は、お金がないと云って、五円ぽっきりしか出さなかった。しかしいつも本部屋へ入っているので、これだけでは他の人の前に恥かしいから、全夜の玉の足りないだけ足しておいて呉れないかと云った。

「五円だけでいいじゃないの、本部屋でなくても、只《ただ》火鉢や箪笥《たんす》があるとないだけなんだから、まわし部屋へ行きましょうよ」

　私はそう云って無理にまわし部屋へ引張って行った。

「随分冷淡だね。これであなたの心が分った」

　彼はいつもと異《ちが》った火のけのない部屋を見廻しながらそう云ったかと思うと穴の

あく程私の顔を見つめていたが、
「僕は今迄、何の位春ちゃんの気にむく様にして来たか分っているだろうね。それに僕の心を少しも分って呉れないのね、僕に対してその位の事をして呉れてもいいだろうと思うよ、今迄の事を思えば、……僕はお金がなかったんじゃないけれど、或る人に花魁と云うものは、その男に惚れていれば、男がお金がなくてもきっと立替えるし、惚れていなければ、立替えないから試して見ろ、と云われたから試みにやったんだけど、やっぱりそうかなと思って、……春ちゃん、僕お願いだから……蛇の生殺《なまごろし》のようにしないで、厭《いや》ならいやと云って呉れないか。そしたら僕は諦めるから。だけれど、……僕は甘い男ね、甘い男ね、きっと春ちゃんも僕の事をそう思って心では笑っているだろうね。何処へ行っても求める女も求められず、僕はやっぱり女なんて事を考えないで、面白く遊ぶだけ遊ぼう」

彼は独言《ひとりごと》の様にそう云っていた。そしてその夜、

「もう絶対に来ない」

と云って帰った。

その後一週間ばかり立つと今度はお連れ*を二人連れて来た。一人は年配の人、一人は若い人だった。彼は年配の男を先生と呼んでいた。ともかく二人の連れには弥生《やよい》さんと三千歳《みちとせ》さんに出て貰った。

「さあ芸者を呼んで騒ごうよ」

彼はこう云って急にはしゃぎ出した。早速芸者一人に半玉《はんぎょく》*二人を呼んだ。

彼はめずらしく三味に合せて何でも唄った。

「K君がそろそろ本性を現して唄い始めたよ」

若い方の連れは笑い乍《なが》ら云った。

「これは僕のかくし芸さ」

彼は私の顔をチラとぬすみ見ながら言った。私は彼が芸者が弾く何《ど》んな唄でも、何でも持ってこいと云う様に唄っているのを聞いた時、

「仲々すみにおけない道楽者のくせに、……」

と思うと、今迄しおらしい様な事を云っていた彼が憎らしくなった。

芸者は二時間もいて帰ったが、その間彼は自分一人で騒ぎ通しだった。

「もう来ないと云ってよく来られたわね」

私は皆別れ別れになって部屋に這入《はい》るといきなり彼に云った。彼は暫く黙って火鉢の前に坐っていたが、

「僕に来ちゃいけないとでも云うの、僕は春ちゃんの所へ来るんじゃないよ、僕は自分勝手にお金の続く限り遊びに来るんだからいいじゃないか。ほんとにこの恋はお金持ってこいだね。それにしても春ちゃん、僕が春ちゃんに惚れて来てると思

うと間違っているよ。だけど僕はこう思うね。春ちゃんはその男を思っていても、口に出して云えない性分だね。そうじゃないかしら、僕はそう思うけれど」

「それはこっちで、あんたに云う事よ。あんまり自惚《うぬぼ》れちゃいけないわ」

私の口先には嘲《あざけ》りの現れが浮んだと私は感じた。

「負け惜《おし》み云ってるよ春ちゃんは」

彼はまた負けずにこう云った。そしてニヤニヤして煙草を吹かしていた、彼のそのあどけない様を見ていた私は、

「男って何うしてこう自惚れが強いんだろう。こんな所へ遊びに来る男って、みんなこんなものだわ」

こう心の中でつぶやくと、余りの可笑《おか》しさに笑わずにいられなかった。しかし彼は、私が彼の云った事に対して何んな意味で笑っているのかも分らないらしく、一緒になって笑っていた。

暫くして、こんな事を聞き初めた。

「女優にならない？」

「冗談でしょう。私なんかなれるもんですか」

私は反抗的に云った。

「なれるよ、大丈夫。僕骨折るよ」

随分馬鹿《ばか》にしている。私がなりたくもなれないと思ってそう云ったのだと思っているらしいので、

「いいえ、私の様な気持のものはなれませんというのですよ」

「気持って何《ど》んな気持?」

彼は不審そうに云った。

「私ね、今のブルジョアというものは大嫌いよ、毛虫よりも嫌いなの。だからさ、ブルジョアの犬の様な女優なんて大嫌いというのよ、分って」

私は稍《やや》興奮していた。

「ええ、あんたが、えーえ」

Kさんは、てれたと云うよりも少しろうばいした気味だった。

暫く二人は黙っていた。が、少したつと、

「僕撞球《たまつき》に行って来ます」

バットに火をつけて立上《たちあが》った。

そして、一時過ぎて帰って来た。

彼は明くる朝、今度来る時彼の一番仲《なか》のいい友達で俳優の島田《しまだ》嘉七《かしち》を連れて来てやると云って帰った。

それから二三日立つと若い洋服を着た背の高い男を連れて来た。

かねて私は前に幾度も嘉七の写真を見た事があるのでよく顔を知っていた。私は、引付《ひきつけ》へ入ってよく顔を見たが、何うも違っている様な気がしてならなかった。そして彼は男の事を嘉《か》ちゃん嘉ちゃんと云っていた。しかし、一番仲のよい人だと云うので千代駒《ちよこま》さんに出て貰って四人は私の部屋に行った。彼女も嘉七の顔をよく知っていた。俳優にしては馬鹿に顔が黒いと思った。思ったよりも綺麗な洋服でもなかった。それにしても手がきたなかった。爪先に黒い垢がいっぱい付いていた。

写真で見た嘉七は、背が高いと云う程でもなかった。そしてこの人程肥ってはいないと思った。顔も大きくはなかった。私は何でも写真で見た嘉七と、実物だと云う嘉七とを比較して見たがさほど似ている所はなかった。けれども、鼻と口元が少し似ていると思った。年をきけば二十七だと云った。

ここの誰よりも観察の鋭い千代駒さんは、初め黙って見ていた。そして彼女は嘉七の実家が日本橋の金物商である事も知っていたので聞いて見た。

「僕の家《うち》は金物屋さ。僕は小さい時から勉強が好きだったんだけれど、何うしたはずみか、ひょっとした気まぐれでこんな者になってしまってね」

男はまじめな顔をして云った。彼女は首をかしげて何か考えている様だった。大体から見て余り似ていないが、云う事に少しは事実らしい所もなくはなかった。とにかく私は半信半疑だった。

「嘉七はあんなに背が高くはないわ。それに年からして異うじゃないの。嘉七はもう三十過ぎだわ。顔も全く異うわ。あんなきたない嘉七があるでしょうか。……それであの客妾に斯《こ》んな事を云ってるのよ。『君ダンスが出来るかい、出来なければおしえてやろうか』だって、……馬鹿にしているわね。余《よ》っ程《ぽど》偽の嘉七ちゃんて云ってやろうと思ったけれど、今云うと可哀相だから、もう少し嘉七気取りをさしといて、後でうんと云ってやるわよ。またよくあんなそらぞらしい事が云えるわね。Kさんも Kさんね。嘉ちゃんだなんて」

二人きりになったとき彼女は私に云った。私は自分の部屋に帰って来ると、いきなりKさんに云ってやった。

「嘘つき、あんたはよくそう空ぞらしい事が云えるわね」

「何僕がうそ云ったの」

私は彼が飽くまで白ばくれていると思うといよいよ癪《しやく》に障《さわ》った。

「随分あなた方は芝居が甘《うま》いわね。私は先刻《さつき》からその事が分っていたけど黙っていたのよ。偽者の嘉ちゃんはよかったわね。いくら斯んな処にいたって、偽の嘉七かほんとの嘉七位分らない馬鹿じゃないわ。活動の俳優だなんて云えば、何《ど》んなにでも大騒ぎして待遇をよくするかと思って、……人を馬鹿にして。私達が黙っていればいい気になってるのね。男って何て浅ましいんだろう。呆れてしまうわ」

私はこう云った。そして、本物と偽物の異っている所をいちいち説明してやった。

「本当だよ、それはいくら俳優だって撮影した時の様に綺麗な時ばかりはないよ」

彼は今更のように一所懸命に或る一部分をつかんで弁解した。私は部屋で千代駒さんと話をしていると、

「昨夜《ゆうべ》島田嘉七が千代駒さんの所へ上ったんだって、ほんと」

二三人の朋輩達は驚いた様な眼付をして駆け込んで来た。

「偽物さ」

「なあーんだ」

朋輩達は偽物だと聞くとすぐ行ってしまった。

「俳優だなんて云うとみんなあれだから厭になってしまう」

彼女は苦笑して云った。

その後彼はめずらしく宵のうちに来た。

「僕は今迄随分手紙を呉れって春ちゃんに云ったけれど、少しも呉れないのね。僕が何本よこしても一度も返事を呉れないんだもの。もっとも、僕が度々来るから手紙よこすひまはないけれど、春ちゃんは僕が来ると、自分で思っている事を云おうとしても、云えなくなるんだろう。今度暫らく来られないから、自分で思ってる事を残らず手紙に書いてよこしてね」

彼は突然斯んな事を云うかと思うと、

「僕は弱い男だな。何《ど》うして斯んなに弱い男なんだろう。春ちゃんは僕に対して、そんな意気地のない男はもう来なくもいいと云う様な事をいく度《たび》も云ったね。それまでにしられて……、ああ僕はいやだ。つくづくこの世の中が厭になった、僕はもう何もいらない、あ……」

彼は斯んな事を繰り返し云った。そうかと思うと、前に云った事をけろりと忘れたかの様に大きな声で都々逸《どどいつ》を唄ったりしていた。

そこへ千代駒さんが入って来た。

「あら、大変御機嫌ね、Kさん、あなたは随分だわね、妾の嘉ちゃんを何うして連れて来ないの、今度きっとね」

「いや、実はね、他の人じゃない千代ちゃんだから云うけれど、まあ一寸お坐りなさいよ」

こう云ってKさんは煙草に火をつけた。

「俳優なんてものは、そうそう自分でお金を出して遊ばないよ、で、何処へ行っても、女の方でお金を出して遊ばして呉れるね。そうでなくも嘉ちゃんを、方々の女が引張りだこの様にしているんだからね、あなたの方からお金でも出して遊ばせてやれば、何うだか分らないけど。……」

呆れて聞いている二人を前にKさんは、得意気に話した。

「まるで、女優みたいね。あの例のS子さ、あれだって、山田と云う監督の〇になって、スターだなんてものになれたんだと云うじゃないの、誰もかもあんな人達は誰かよい旦那を持たなければ、やって行けないんだそうだもの、そんなものだわね、Kさん、男優だって女優だって、妾《めかけ》になったり、男妾《おとこめかけ》になったりそれで芸術家面《づら》があるでしょうか。妾達と一寸も変りはないわ。同じ稼業でしょう。それなら私達ばかりお金を出すと云う訳はありませんよ、馬鹿にしているわね」

千代駒さんはこう云った。

Kさんはてれてしまって、何とも云わなかった。

# ある一夜

今夜は何となくうすら寒い様な感じがする、移《うつ》り替《がえ》もすんだもう十月の下旬になってしまった。

十一月十二月一月二月三月こうして四月も五月もの寒い間、あたたまる間もなく夜通し引ずり廻される事を想像するだけでも身ぶるいがする。

十時頃、清川《きよかわ》さんのお連れ初会に出た。三人共××会社員だった。そしてもう一人には夕霧《ゆうぎり》さんが出た。

清川さんのTさんは元、清川さんが本郷辺のカフェーにいた時の愛人三村と云う人の友達だった所から突然今夜尋ねて来たのだった。

「久しぶりで逢ったのだから酒を飲もう」

と、清川さんのTさんは云い出した。間もなく下新《したしん》は酒を持って来た。

三人がお酒を飲み始めると清川さんは何となく沈みがらになって来た。そうした事にとんちゃくなく三人の内でも一番夕霧さんのHさんは快活らしくはしゃいでいる。

「春駒、君は幸福だぞ、K君は君によって、、、、、、、、、だから、そのつもりで取もって呉れ」

Hさんはそう云って私に盃をさした。

何を云ってるんだか、そう思いながらも私はKさんの方を見た。私のKさんは二十八九歳位で、頭はオールバックにしているが、如何《いか》にも無雑作に乱れている。私は一寸《ちよつと》見た瞬間、何となくKさんが淋しそうに見えた。そして、Kさんの何処《どこ》となく考えているらしい様子が気になった、たまに笑ったり口をきいたりする様がわざとらしく思えてならなかった。

しかし、このKさんも家庭の事情か何かのため気をまぎらせるためにこうした所に来たのだろうと思った。

「今夜は大いに飲もうじゃないか」

Hさんは相変らず一人でにぎわっている。

清川さんは泣き乍《なが》らTさんと何か話をしている様《よう》であった。

「妾《わたし》もうね、決して三村の事なんか思っていやしないのよ、ね、信じて頂戴《ちようだい》。妾はああした過去の事なんかもう忘れているんですもの、ね、誰だって過去はあるんでしょう。妾今はほんとうに淋しい女なのよ」

清川さんはTさんのひざに泣き伏してしまった。清川さんはここへ入る前にその三村と云う男と四ヶ月も同棲していたそうだ。家のために別れてここへ入ったと云っているが、今でも手紙の往復だけはしているらしい。

けれど清川さんが客に対してそう泣き事を云うのは今始まった事じゃない。

「いくら前から親しい人だって客の前で泣かなくってもよさそうなものだね、すぐあれだからいやになっちゃう。客の方じゃ泣き事をききに来たんじゃあるまいし……」

夕霧さんは顔をしかめて、私に耳打ちした。

よく売れるのでいつも威張っている夕霧さんはこうした事には黙っている人じゃないがお連れ初会を貰っただけに我慢しているらしかった。

それから暫《しばら》くして銘々は部屋へ行った。もう十二時一寸過ぎていた。私はKさんに寝巻を着替える様に云った。

「いいえ僕は寝ません」

と、云ったきり火鉢の前に坐って何か考えている様だった。それでも私は

と思った。

「……」

「いいえ、僕はこれでいいんです」

随分この人は変な人だと思った。先刻《さっき》、Hさんが云った様に、もしかしたら、女を知らないのかも知れない、しかし、こうした所へ来るからには、それに二十八にも九にもなって……、私は疑わずにはいられなかった。

「僕、みんなの来る迄待ってます」

こう云われたものの、今迄何度となく、こうした間違いで、玉《ぎょく》をふまれた私はそれでも安心は出来なかった。けれど、猫をかぶっている様な様子もない。初めて女に接するから怖いのかも知れない、私はこう考えると、それでもと云う事は出来なかった。

暫くすると、急に夕霧さんの部屋が騒がしくなって来た。行って見るとIIさんは吐いていた。その側で夕霧さんは大きな声で怒っている。

「だってそうじゃないの、お酒に酔ってて、、もしないで、いつまでもいつまでも、、、、しているんだもの、人抵いやになっちゃうじゃないの、それでまだ、、、、、って云うんだもの。あんまりだわよ、人を何だと思っているのさ」

「何云ってるんだい。貴様の、、、」

「それで終《しまい》には人にこんな汚ない世話までやかせてさ」

二人はしきりにあらそっていた。が夕霧さんはそれでも汚物が入った洗面器を片付けるやら、水で口をゆすがせるやらして出て行った。

残されたHさんはさも苦るしそうな息づかいで横になっている。Hさんは前から酔っているらしかった。そしてまたここに来てから飲んだり、一人で騒いだりしたので嘔吐を催したのだろうと思った。

「Hさん、何《ど》うしたんですか」

私はHさんのそばへ行って聞いた。そして「Kさんは先刻から起きて待っているんですよ」

と云った。

「苦るしくってな。帰れそうもないな」

とHさんは云っていた。私は部屋へ行ってKさんに話すと、

「では僕一人で帰る」と云い出した。私はすぐ前の部屋の清川さんに声をかけた。その時夕霧さんは私を呼んだ。

「あの三人を早く帰そうじゃないの、声をかけてみんな支度をする様に云って頂戴な、妾ね、すぐ部屋を使わなければならないんだけど……、あの人が帰らなければ妾困っちゃうわ、何でもいいから帰してしまいましょうよ、かまわないから、……」

夕霧さんはいつも来る吉田と云ういい人が来たからだった。

清川さんはTさんを帰したくもなさそうだったが、Kさんも帰ると云ったので、Tさんは仕度をした。そして、清川さんと私はHさんの部屋へむかえに行った。Hさんはまだ寝ていた。Hさんは帰らないと云ったが、二人共夕霧さんの事を知っているので無理に起した。Hさんは仕方なしにぐずぐず云いながら仕度を始めた。

Tさんの話によると、Hさんには妻も子供もあるのだそうだ。そしてまた今も妻が妊娠しているので斯《こ》うして遊び歩いているのだそうだ。私は人間の醜さをつくづく思った。そしてHさんの奥さんの気持を察しずにはいられない。若《も》し自分がHさんの様な人の妻になってこうした時には、何うしたらいいだろう。そんな場合、夫の放蕩を顧みないでいられるかしら。私にはそんな事は出来ない。しかし、素人はそんな事は平気なのかしら、いや、誰だって斯うした気持は同じに異《ちが》いない。きっと同じだ。

今、Hさんの奥さんは何んなに苦るしんで入《い》らっしゃるだろう。私は人事《ひとごと》乍ら考えれば考える程息づまる様な感じがする。こうした人間のみにくさを何うする事も出来ない。そして、その奥さん達を、より泣かせなければ、私達は生きて行かれない。そう考えると新な悲しさを感じて来た。

「もうこんな楼《うち》なんか、来るもんか、馬鹿《ばか》にしてやがって、……」

Hさんは怒り通しに怒って帰った。

三人が帰った後《のち》、清川さんはいつまでも不機嫌だった。

一時過ぎ、めずらしく与謝野さんが、一人で来た。今年明治を卒業したばかりで活潑な歩き方をする人だ。そしてほんとに可愛いい顔をしている。朋輩達は与謝野さんがいつも灰色のしもふりのオーバを着てニコニコしているのを見ると、

「春駒さんの所へ来るお客は皆んな可愛いい顔をしていて、きれいな人ばっかりね」

「あんなにむっつりしているけれど、春駒さんは、あれで中々面くいなんだよ」

と、やりて部屋で大声に云っているものもある。

「妾も、今夜は二円でも三円でもいいから、[redacted]」

間もなく私は部屋でお茶を呑んでいると、おばさんが来て私を呼んだ。

「今酔っぱらいが上ったんだけれども、誰が見ても皆妾の人じゃないって云うから、一寸見てごらんなさい」

と云われたので、行って見ると客は引付《ひきつけ》で酔伏《よいふ》していた。すぐそばへ行って見ると二度目の客だった。

この客はこの前も酔って来て、さんざん世話をやかせた客だった。斯んなおそくなって厭《いや》だと思い乍らおきまりの二円で部屋へ連れて行った。鼻をつく様な、いや

な息をふきかけるのを我慢して寝巻と着替えさせて出て来た。朝までこうして寝かせておいてやれ。二円位玉をふまれても知れたもんだと思いながら、部屋へ帰って寝てしまった。

# 刺青

彼女の右の腕には山田と云う刺文《ほりもの》があった。しかもその一字が一寸五分四方位の大きさであった。

彼女は始め風呂へ入るにもそれをかくして入った。しかし、なれてしまうと腕のほうたいを取って入る様になった。

いつかも風呂へ入っている時だった。

「三千歳《みちとせ》さん。あんたの刺文は随分大きいわね。馬鹿《ばか》に念入りにしたと見えるね。中々すみにおけないな」

一人の朋輩《ほうばい》はそう云った。彼女は苦笑しているばかりだった。

私は彼女のそうした意味ありげな沈黙に何かしら深い事情があるに相違ないと思った。

或る日私は、その事情を聞く機会を得た。それは昼間の事だった。彼女と私とは始めて一坐した。客は三時頃帰ったので、二人は私の部屋でお茶を呑み始めた。私は彼女に、前から聞こうとしていた刺文の訳を話して呉《く》れと頼んだ。

「この刺文の事。……」

彼女はそう云って腕をまくって何か思い出したかの様にしみじみその大きな「山田」と刺《い》れてある二字を替るがわる見詰めていたが、深い嘆息《ためいき》を吐き出すと、

「妾《わたし》はね、この刺文のためにここへ来る様になってしまったのよ。だけど、こんな話をしたってつまんないわ」

彼女は力なさそうにそう云ったが、私が強《し》いて頼んだのですっかり話して呉れた。

彼女は小さい時に両親を失った。親類も何にもない彼女は、只《ただ》一人の祖母に育てられる様になった。その間彼女は他へ子守奉公にやられ、わずかばかりの金をかりては祖母を助けていたが、彼女が十八歳の年に或る田舎の料理屋へ身を売ったのだった。

彼女がその料理屋に来てから二三年過ぎた或日の事だった。

その当時彼女には深い馴染《なじみ》が二人あった。一人は二十五六の男で妻子があった。一人は三十六七の男ざかりだ。が、しかも二人は同じ仕事師仲間だった。

そうして、お互に競争で彼女の所へ通っていた。

所《ところ》が年の多い男は彼女を請出《うけだ》すと主人に話し出した。その話が九分通りまとまった或夜、若い男はそれを知って早速彼女の所へ来たのだった。

「お前は何《ど》うして俺を信じないのだ。なる程俺には妻も子もある。だが、もう少したてばきっと何うにかするから、それまで辛棒《しんぼう》して呉れとあれ程俺はお前に云ったのをもう忘れたのか」

彼は怒りと嫉妬の眼で彼女をにらみつけた。いまにも殺し兼ねまじい恐ろしい形相でしきりに彼女を責めた。

しかし彼女は考えた。彼女は決して彼を嫌いではなかった。一方の男よりも彼の方が余《よ》っ程《ぼど》容貌が勝《まさ》っていた。また金遣いも綺麗だった。が彼女は自分を小さい時から育てて呉れた年老いた祖母を、一日も早く堅気《かたぎ》になって、安心させて死なせたい。常にそうした考えを持っていた。もうおばあさんだって幾年生きているものか。自分が一人ぼっちなら何んなになっても構わないけれど、……

それに彼には妻も子供もある。あんな事を云うけれど、いつまでたっても見込みがないにはきまっている。

彼女は祖母の事なぞを考えると、彼の云う事をきく訳には行かなかった。ああやっぱり自分はあのおばあさんのために身請《みう》け*されよう、と、ひそかに決心したのだった。

彼女はその夜彼に何を云われても只曖昧な返事をしていた。彼は何思ったかやたらに酒を註文して彼女に呑ませた。

彼女はそんなことんなを考えると堪《たま》らなくいらいらした気持になって来るので、お酒を呑んで少しでも自分のそうした気持を抑え様とした。そして男のさすままに盃を受けた。この時の彼女はお酒をのむと云うよりもあびると云った方が当っているかも知れなかった。

間もなく彼女は正体なく寝込んでしまった。暫《しばら》くして彼女は急に腕に激しい痛さを感じた。思わず起き上って腕を見た。よりも先に男を見た。男は肌ぬぎになっていた。しかも体中から腕へかけての龍の刺文が今にも浮き出して彼女に向って来る様な気がした。

そして男は右手に四五本もかたまった針を持って、左手は彼女の腕をしっかり握っていた。彼女の腕には血が一ぱい流れていた。彼女は驚きの余り暫くは言葉も出なかった。

男は彼女の只あっけに取られているのを見ると、薄気味の悪い微笑《えみ》をもらした。そして彼女の腕を離すといきなり肩に掛けてあった自分の豆絞《まめしぼり》の手拭《てぬぐい》を引き裂いて彼女の腕をしばった。

「どこへ行っても、それを見て思い出して呉れ」

男はそう云って彼女の顔を見つめていた。がしかし彼の眼には一杯涙が宿っていた。

彼女は今迄魂の抜けがらの様に只呆然《あぜん》としていたが、そうした男の言葉に再び自分のたましいを取りもどしたかの様《よう》にはっきりした意識を持ち直した。と同時に、悲しいやら情ないやら口惜《くや》しいやらで彼女の胸は一ぱいになって泣き伏してしまった。しかし何《ど》うする事も出来なかった。

彼女は悲しんだ。ああ再び取かえしの付かない事をしてしまった。自分はもうすぐ引かれる身である。しかし、先方の男がこんな事を聞いたら何んなに怒るだろう。怒るよりもきっと今度の身請をはねつけるに違いない。斯《こ》んな傷の付いたものを何うして相手にして呉れよう。

その夜彼女は客も取らず一夜中《いちやじゆう》考え通したが、けれど結局は失望に終った。悪魔的な感情が彼女の頭の中にみちた。もう何うなってもかまうものか、何うせ一度傷物にされた体だ。一生こんな生活をして終ろう。

こう決心した。それからの彼女は大酒呑になった。それから二三の銘酒屋を転々として歩いた揚句《あげく》ここに来たのだった。

「で身請して呉れるって云った人はね、始め誤解していて、妾とこの山田とは話《はなし》合《あい》で斯んな事をしたと思っていたのよ。でも後で判《わか》ってね、二人は随分えらい喧嘩をしたんですって……、それで妾がこっちへ来て間もなくお内儀《かみ》さんを貰ったのよ。だけど仕事の事で東京へ来るとここへ寄って行くわ。こんな事が早く判っていたならばって何日《いつ》もその人は云うのよ。ほら妾がお店に出て始めてお見立だと云って上った人があったでしょう。その時妾がここへ来てから始めて逢ったのよ。……だけど今更そんな昔の事を言ったって。……」

彼女は打消すようにそう云って立上《たちあが》った。

# 五円のお客

「春駒さん、そう云えばあの運転手はどうしたんだろうね、もう来ないものは仕方がないけれどもさ、あの二人は、いつも妾《わたし》は惜しいお客だと思うわ、あんな人はないね」

今日も化粧部屋で髪をなで付けていた小紫《こむらさき》さんは手を止《や》めて、鏡台の居ずまいを正しながら私に話しかけた。

「そうね、どうしたんでしょうね、でもあんな正直な人達だから、たとえ少しのものでも来そびれて間が悪くなったんでしょう。そうじゃなければね」

二人は去年から今年にかけて、一週間に必ず二度ずつ来ていた運転手の事を思い出した。

この人達は私と小紫さんと初会一座だった。そして来る時は必ず二人で一緒に来た。五円のお客と仇名《あだな》を付けられた程、定《きま》って二人は五円宛《ずつ》の遊びだった。

去年の十一月頃、丁度《ちょうど》、この二人が来初めてから三度目の時だった。その夜小紫さんは急に下腹が痛み出した。二人は自分の事の様《よう》に心配していたが、一寸外《ちょっと》へ行って来ると云って、寒いのに寝巻のまま出て行った。暫《しばら》くして二人は懐炉《かいろ》を買って来た。そうして彼女に当《あ》ててやった。

男に似合ない、随分親切な人だと私は思った。よくそんな所に気が付いたと感心した。そして二人は、一人でも客の少ない方が体のためにいいからと云って、私等が留めるのも聞かず帰ってしまった事があった。

二人はさっぱりしている人達だった。

「忙しければ、俺達の所なんか来なくもいいよ」

といつも云っていた。男同志で一緒に寝て帰って行く事は度々あった。それでも来るときになるときっと来た。すっかり馴染《なじみ》になった。

「今夜は忙がしいから来られないわよ」

と云って放って置ける様になった。それで少しも怒らないで、機嫌よく帰った。

或夜、二人はぐでぐでに酔って夜遅く来た。二人がこんなに酔って上ったのは初めてであった。そしてその夜はお金を持っていないと云い出した。

「そんな事はないでしょう。さあ、ふざけないでお出しなさいよ、お定りなさ」

おばさんは幾度もくどくど云った。二人は帰ると云い出した。一円きりしか持っていない事が分った。小紫さんと私は四円宛立替えてその夜は泊めて帰した。

二人はそれっきり影も形も見せなかった。

小紫さんはこの二人が来なくなった当時は自分の一番大切のものでも失った様に口惜《くや》しがって、毎日口癖の様に云っていた。そして、この頃忘れた時分になっても、思い出した様に度々云い出すのだった。

# 意地悪花魁

松島花魁《まつしまおいらん》と云えば誰しもまるで毛虫にでもさわる様《よう》な感じを持っている意地の悪い花魁だった。

そしておそらく人間愛からかけはなれている、かけはなれていると云うよりも、ほんとうに愛を知らない人と私は云いたい位だ。

私がここに入った時、脊《せ》の高い年増の花魁が、「どうらんの道中」とか云って汚ないどてらを引かけて廊下でふざけていたのが今考えるとたしかに彼女だった。

彼女の大きな口には悪どい程の金歯が入っていた。

「何てあくどい意地悪そうな顔なんだろう」

こう思ったのが私が始めて彼女に対しての印象だった。そしてそれが今でも私の頭の中にこびり付いているかの様にきっと思出《おもいだ》される。

「春駒さんは仕合《しあわ》せよ。何にも云われないで、妾《わたし》の時にはほんとうにひどかったわ。寿命が縮まるかと思う様にいじめられたわ」

私の初見世《はつみせ》*当時朋輩《ほうばい》達は皆、羨しそうにそう云って話した事があった。

でも私は随分いじめられた様な気がしてならない。

彼女は震災前《ぜん》からいた花魁で主人も持て余しているのだった。

彼女を除いて他の花魁達は皆震災後に来たのだが、誰一人として彼女にいじめられない人はないと云っている。朋輩達から色々の話を聞けば、私には妹の様に世話をして呉《く》れた紫君《しくん》さんが居たためにそんなにつらいと思う程いじめられなくてもすんだのだそうだ。

それは彼女が紫君さんには一目おいていたからだった。一目おくと云うよりもむしろ恐れていた。

私が店に来て間もなくだった。廓《くるわ》では何でも梯子段《はしごだん》を上《あが》り下《お》りするのに途中で止ると縁起が悪いと云った。私はそんな事もまだ知らない時、梯子のもう一段で下りてしまおうとする所に立止《たちどま》っていると、

「誰だい、そんな所に立ってるのは、縁起が悪い。もう一度下りなおしをしておいで」

私は彼女にそう云われ、そしてあわてて下りた事を覚えている。一度もこんな事

があった。私は稼業中化粧部屋へ髪をなおしに行っていた。それも一寸《ちょつと》の間《ま》だった。その間に客は仕度をして帰ってしまった。すると常から何か欠点をつかんで云おうとしていた彼女が運悪くやりて部屋にいた。

「お客を送り出しもしないで何だい。若いくせに生意気な。今っから古い人のまねをして」

そう云って、いい事幸《ことさいわい》と大きな声でどなった。

廓の規則として、稼業の事に付《つい》ては、古い人新しい人にかかわらず、何《ど》んな事でも云う事が出来た。

彼女は常に人の事をかれこれ云う程彼女自身は正しい事をしているとは云えなかった。

「何ですって、あなたが今迄何んなに正しい事をしているか、考えて御覧なさい。現に私はちゃんと覚えています。あなたは自分が古いと云う頭で稼業の事でもそれ以外の事でも花魁達に云いますけれどそれは間違っていますよ。たとえあなたが悪くても他の人達はあなたに対して何とも云わないからなお更《さ》ら人の事を云うんでしょう。それは私だって悪いですけれど、客の帰ったのを知らなかったんですもの、それにこんな事は始めてですよ。あなただってこの前私達と一座した時に他の人はみんな送り出しているのに、眠むいからって送り出さないで寝ていたじゃありませんか、いくら古いったってそんなもんじゃありませんよ」

私は彼女の常が常なので黙ってはいなかった。それに大抵なら我慢したかも知れないが紫君さんが付いているからと云う気も手伝った。しかしそう云ったものの大喧嘩になるかも知れないと内々心配していた。私がそう云うと彼女は青すじを立てて怒った。

「何だと、なまいきな事を云やがって、もう一ペン云って見ろ、今迄ね、何年もこの家《うち》にいるけれど、お前さんの様な若いあまに云われた事はないんだからね妾は、……」

彼女はえらいけんまくでむやみにどなった。

その内花魁達や客が一杯やりて部屋の前に立ふさがった。

「春駒さん、あんな人に云ったって分らないんだから黙っていらっしゃいよ、云って分る人なら云い甲斐があるけれど、よした方がいいわ」

朋輩達は皆そう云って止めた。彼女の怒り方が余りはげしいので私は気強い事を云ったものの、これから何《ど》うなる事かとビクビクしていた所へ丁度《ちょうど》よく紫君さんが来て呉れた。

「松島さん、あんたも年がいもない分らない人だね。先《さ》っきから聞いていれば、たしかにこの子の云うのも無理はないよ。今迄妾が花魁達に聞いていた事で、随分稼業にはずれた事をあんたはしているじゃないか。そんな事をここでならべ立てられればロのあけた義理じゃない。人の事を云いたかったら自分も人に云われない様にして云う方がいい」

紫君さんにこう云われると彼女は一言も口が開《あ》けなかった。

「いいきびだ、もっと云ってやればいいのに紫君さんは……」

朋輩達は彼女にいじめられていても常に恨《うらみ》がましい事一つ云えないので、いつも彼女が紫君さんに云われると喜こんだ。そして、しまいには朋輩達は彼女に何か云われるといちいち紫君さんに云いつけた。

「あ、そうかい。いまに云える時が来たら覚えていていくらでも云ってやるから、……」

紫君さんはそう云っては年若い花魁達を慰めていた。こんな事があってから、彼女は私に少しも云わなくなったが、私の顔を見さえすればこわい顔をしてにらんだ。

そうした風にずばずば人前もかまわずすっぱぬくのが彼女の常であった。私は一度そんな事があってからは人前もかまわず飽くまで彼女に反抗していたので、紫君さんが居なくなると彼女は私をつついた。

彼女は後から後からと入る花魁達に皆そんな態度を取って指図をするのだった。何も知らない人達にも、蔭になってやさしく教えてやる人ではなかった。一寸の事でも何だかんだと難くせをつけて云う人だった。

朋輩達は皆彼女が居なくなると、それぞれ店に出た当時色々云われた事を思い出して悪口を云い合った。

「妾こそ随分云われたわ、『あんた、まだそんな風をしては早いじゃないの、若いんだからもっと派手にしなさいよ。』なんて云われたわ、それから花がけ*だってもっと赤いのをかけろとかね、襦袢《じゅばん》の襟がじみだとか、下駄の鼻緒から髪の結い方まで云うんだからね。少しも親切な所がないね、あの人ばっかりは。二十七にも八にもなってね、ほんとうに鬼の様な人ってあんな人の事を云うのよ」

「まったくあの人ばかりは少しの暖か味もない人ね、人間としたらあんなひどい事は出来ないと思うわ、毒婦だって義理も人情もあるわ、それがあの人はね、……」

花魁達は口々にそう云うのだった。誰一人として彼女を憎まないものはなかった。

そして彼女は自分の客が連れを連れて来て他の花魁を出しても、自分で気に入らない事でもあろうものなら、すぐ客にその花魁の悪口を云って来させなくしてしまうのだった。

彼女は常に弱かった。そして月に必ず二三度は癪《しゃく》を起した。その度に皆んながおさえるやら、注射をするやら大変な騒ぎをするのだった。

清川《きよかわ》さんは彼女の事を姉《ねえ》さんと呼んでいた。

彼女が癪を起す度に実に親身も及ばない様に看護をするが、それでいて彼女は癪がなおると世話になった事もけろりと忘れて清川さんを目のかたきの様にいじめるのだった。

「ふだんあんなにいじめられて、よくあんたはあの人が病気になると世話をするのね。今度うっちゃらかしておけばいいのに、意気地がない人ね」

清川さんはいつも花魁達に云われているが、

「ふだん何《ど》んなにひどい目にあわされても、病気の時ばっかりは別だわ」

そう云っては彼女が癪を起すときっとよく世話をした。

「いつも、病気になる度に清川さんに、あれ迄にされて、日のかたきの様にするなんて何て人だろう。ほんとうに恩をあだで返すってあの人を云うんだわ」

花魁達はいつもそう云ってくやしがった。

しかし、清川さんが常に心臓が悪くて休んだからと云って、彼女は蔭のぞきもしなかった。

或夜の十二時頃も、彼女が癪を起してかん部屋*に寝ていたので、私は彼女の枕元に行って暫《しばら》く話をしていると、

「春駒さん、のどが苦しい。ここをおさえて」

彼女は急に私の手をとって自分の、のどの所へ持って行った。私は苦しいからさ

すって呉れとでも云うのだと思って静かに彼女ののどをさすっていると、しきりにもがき始めた。私はきみが悪くなって、

「何《ど》うしたの、何うしたの――」

と云っている内に彼女の手はぐったりしてしまった。そして息がだんだんとぎれとぎれになって眼を白黒さしていたと思うと、そのまま引付けてしまった。初めてこんな事に会った私はすっかり彼女が死んだものと思い驚いて廊下へ飛び出して大きな声でおばさんを呼んだ。

「おばさん大変よ、松島さんが、……早く来て下さいよ。……」

そう云っている瞬間、若《も》しもの事があったら自分が側にいたのだから嫌疑がかかりやしないか、そんな事を考えた。早速おばさんや花魁達がかけ付けた。

「死んだのかしら」

私はすぐ聞いた。

「また始まったね。こんな事は度々さ」

おばさんにそう云われて、私は始めてホッとした。間もなく外来の先生が来て注射をしたり、胸のあたりをさすったり、下腹の方をさすったりしていると、ようやく息をふき返して来た。それからの彼女は四五日と云うものは口もきけなかった。私はあそこへ来てこの時位驚いた事はなかった。その後、彼女は幾度こんな事を

くり返したか知れなかった。

「皆んなの思いばっかりでも、一生いい思いは出来ないよ。あんなに糞で苦しむのも、余まり皆んなをいじめる罰《ばち》だよ」

蔭になると皆んなこんな事を云った。

また彼女のためには毒を呑んだ花魁がいた。それは私が初入院して帰って来て間もなくの出来事だった。

夕方四時の食事の時だった。若い花魁達四五人で食事を始めると、向い合っていた若緑《わかみどり》さんが急に苦しみ始めた。皆んな驚いて側《そば》へ行ってさすったりしていたが、彼女の苦しみはますますはげしくなった。その内に、

「松島の畜生め、畜生め、お母さんにすまない。松島の畜生め、……」

彼女は苦しそうにもがきながら云い続けるのだった。そこへ早速先生が飛んで来て毒をはかせた。しかし、毒の分量が少なかったため、命にはさしつかえがなかったが、暫く正気を失っていた。彼女は二日二晩まるで狂人の様に笑ったり、泣いたり、そして絶えず、

「松島の畜生、死んでうんと恨んでやるから、畜生、畜生、……」

と云い続けた。そうかと思うと、

「お母さん泣かないで頂戴《ちょうだい》、……」

そう云ってはメソメソ自分も泣き出すのだった。そしてその事件の起った夜、警察から巡査が二人調べに来た。

「お前が不注意だから、……」

主人はさんざん叱られた。

「花魁同士の事については私は何にも知らないんです」

「松島ッて云う女はなにか、そんな女だったら一人位金を損してもいいから出してしまったらいいだろう、……」

そう云われたが、命を犠牲にする人があっても、死ぬ様な病人でも、生きている内に出してやるなんて云う事は出来ない主人だった。

その後松島花魁は警察へ呼び出されて随分叱られた。若緑さんは正気にかえってからも泣いてばかりいた。その話によるとこうだった。

若緑さんはおとなしい実に無口な人だった。それでいて彼女は若緑さんを年中目のかたきにいじめ通していた。若緑さんのする事なす事に彼女はつらくあたった。若緑さんが黙っていれば黙っている程彼女は憎らしがった。

そして若緑さんは思い余った末、洗滌《せんじょう》用のクレゾールを呑んだ事が分った。

若緑さんは一月《ひとつき》ばかり床についていたが、体がなおると間もなく大阪へ住替《すみかえ》した。

花魁達はこの事を思い出す度に自分の事の様に憤慨した。

それでも彼女のいじの悪さは飽くまでなおらなかった。もう花魁達の誰しも彼女にはさじを投げていた。

ひねくれていると云うのか何て云ってよいのか、私は彼女のこうした心を考えると情なくなるのだった。

当時彼女は二十八歳だった。彼女のしゃくれている顔、低い鼻、つり上っている細い眼、悪どい程の大きな口、彼女の容貌は一寸見ても如何《いか》にもいじ悪さを物語っていた。

彼女は四人兄弟の末ッ子だった。そして母は彼女が生れると間もなく死んだ。それからは父の手一つに育って来たのだった。

彼女は若い時に遊人《あそびにん》と自由結婚をしたのだった。暫く同棲していたが、その男に本妻もあり、他に妾《めかけ》もあるのを知って別れ、それから田舎の料理屋に三四年あちこちとまわって歩き、そして震災前から丁度五年間吉原に娼妓《しょうぎ》をしているのだった。

彼女はいつも席順が下だった。

「働きもしないで威張ってばかりいる」

いつか主人がそう云って怒った事があった。でも主人は彼女に余り気強い事も云えなかった。彼女はいつかは主人の悪い事にかこつけて出て行こうとしていた。

「ぐずぐず云ったら、妾はなまじっかじゃ出て行かないよ」

彼女は主人でも何でも怖いものは一つもなかった。それに彼女は何でもないのに店を休む時が度々あった。

「また我儘《わがまま》病気が始まったよ。

おばさんや花魁達は只《ただ》そう云って笑っているばかりだった。そんな時に主人が悪い顔をするとすぐ警察警察と彼女は騒ぐので、皆手の付け様もなかった。

その後彼女はひどい癪を起して三週間も床に付いていた。

その当時彼女の可成《かな》り深い馴染《なじみ》で自動車の運転手が来ていた。

彼は彼女より一つ年下だった。そして寧《むし》ろ彼女の方が彼を猛烈に恋していた。

彼は三日あげずに来た。時に病気だった彼女は彼が来ると、二階の自分の部屋へ行って寝ていた。そして彼は来る度に三日四日居続けして彼女の世話をして帰った。

しかし彼女は体がよくなって起られる様になっても他の客には出なかった。

「もう体の方もよくなったんだから、そんなにぶらぶらしていないで働いて呉れなければ困る」

おばさんは主人に云いつけられて、おそるおそる彼女の側へ来て彼女の気嫌《きげん》をそこなわない様に静かに云うが、

「何、店に出ろって、誰が出るもんか」

そう云ってはおばさんにどなり返すので、おばさんは主人との中に入ってホトホ

ト困りぬいていた。

間もなく彼女はまた病気になった。そして前よりも続け様に癪を起したり引付けたりして益々悪くなるばかりだった、そうなると花魁達はかわるがわる見舞に行った。彼女は花魁達が一寸でも行かないと、

「皆んな妾のそばに少しも来て呉れない」

と云っては泣いた。

医者は毎日の様に来ては注射をして帰った。私達がそばへ行ってやさしい言葉をかけると彼女はすぐ泣き出すのだった。何かにつけてもすぐ泣き出す様な彼女になった。

「人にやさしい言葉をかけられて泣き出す様な気持があって、何《ど》うして常に鬼の様な心になって皆んなをいじめるのだろう。この人だって生れつきからこんな根情《こんじょう》を持っていやしなかったろう。それにしても余りにひねくれ過ぎている」

私はこう思い乍《なが》ら彼女の顔を暫くじっと見つめて考えた事があった。

「自分があんな苦しい思いまでしているんだし、それに皆んながあんなにやさしくしてやるのだから、少しは分らなければならないんだけれど、……病気がなおればすぐ皆んなの親切も忘れてあたりちらすんだからね、何う云う気持なんでしょうね」

朋輩達も沁《し》みじみ云うのだった。

そして、彼女の今迄の生活が彼女をああした気持になさしめたのだと私は思った。

「ここにいても気をもんでばかりいて、少しも病気がなおらないから、町のいい医者に見て貰ってゆっくり静養したいから暫く家へ帰して貰いたい」

或日彼女はそう云っておばさんから主人に頼んで貰ったが、

「何処《どこ》の医者へ行っても同じ事なんだから」

主人は何《ど》うしてもきかなかった。そして、

「お前が常の様な心さえなおせば、病気も自然になおるし、今迄の様な心がなおらない内はいつまで経《た》っても病気はよくならない」

主人に云われたままおばさんは彼女に話した。すると、彼女はなお怒り出して云った。

「妾の心をなおせって、何んな風になおすのさ。冗談云っちゃいけないよ。いつも来るあのやぶ医者が妾の病気に合う様な薬を呑ませないからなおらないんだよ。主人がひまを呉れなけりゃ仕方がない。警察へ行って頼んで来よう。まさか体が悪いのにいけないとは云わないだろう」

「何でも警察警察って云えばいいかと思ってる」

主人も怒ったが、でも余りに彼女が警察警察と云って騒ぐのでいやでも帰さなければならなかった。

　彼女は早速雇人《やといにん》を休業とどけに警察へやった。それから二三日たつと彼女の父親はむかえに来た。彼女は自分の一寸した身のまわりの物を持って父親と一緒に俥《くるま》に乗って帰った。それと同時に彼女の恋人運転手もぱったり姿を見せなくなった。

「ああの鬼婆が帰ったんでせいせいしたわね。主人はいやだろうけれど、あんなものがいては花魁達がさいなんだよ。今迄随分あいつのためにもめたね。もう一生来ないといいいね」

　彼女がいなくなると花魁達は、まるで眼の上のこぶが取れたかの様に喜んだ。

　それから二ヶ月程たつと彼女の父親が来た。彼女は二ヶ月位の予定で家へ帰ったのだが、病気がまだよくならないからもう一月ひまを呉れと云って来たのだった。

「もう帰って来るのかしら」

　花魁達は彼女の父親を見ると顔を曇らせた。しかし彼女がもう一月のばす事を聞くとすっかり安心するのだった。

　一月過ぎるとまた父親が来た。そして今度は彼女の足に腫物《できもの》が出来たからもう一月のばして呉れと云って診断書を持って来た。

　その後また一月過ぎると来た。そしてどこかしら悪いと云って診断書を持って来ては一月のばして帰った。

彼女の父親が来る度に花魁達は彼女が帰って来るかと思って顔をしかめた。

一月過ぎては来、また一月過ぎては来た、そんな事が五六度続いた。それからは少しも来なくなった。その後或る客が彼女はもうすっかり体がよくなって、今は運転手と世帯《しょたい》を持っていると云った。また、彼女が髷《まげ》を結って彼と浅草公園の池《いけ》の端《はた》に居たと云う客もあった。

そうした色々の噂があった後《のち》、主人は彼女の家へ幾度も雇人を使いにやった。が、彼女はいつまでたっても帰って来なかった。

# 喜劇役者

浅草公園○○館の喜劇役者が私の所に来ていた。

この人は女形《おやま》だった。いつも女が着る様な赤い縞の銘仙《めいせん》の着物と羽織を着て来た。商売柄いやにしなを作って、体を横にまげて歩く男だった。

「今夜も五円きりっか無いんだよ、いいだろう。怒らないでね」

彼はいつもそう云って花札のついている紙入れから五円札を出すのだった。

私は彼と初会に逢った夜、着物の着こなし、そして、面長な蒼白い顔、すべての点の女らしい所を見ると、素人でない事が直感された。

総《すべ》て役者のような道楽商売の人嫌いな私は、彼を見ると何となくいやな感じがした。もし彼がそんな様な者であったならば、うんとひやかしてやろうと思った。

その夜、彼は部屋へ行くと私に云った。

「あんた何て名前?」

そう云って彼が顔にしなを作って聞くのを見るとむかむかとしてきた。

「妾《わたし》の名前なんて聞く必要はないでしょう。そんなものは後で分るけれど、それよりあんたの商売は何。……」

私はこう云ってしまうと、始めて逢った、罪も何もない人に対して何てつっけんどんな物の云い方をしてしまったんだろうと思って彼の顔を見た。しかし彼が何げなさそうに私の顔を見て笑っているのを見ると安心した。

「私何の商売だと思う、分る? だけど私が、これこれだと話せばきっとあんたは厭《いや》がるだろうね。じゃこれだけ云えば分る、何よりも賤《いや》しい商売よ、分った?」

彼は微笑しながら私の顔を覗きこんで云った。

何《なに》だろうと私が考えているのを見ると彼はまた云った。

「私が何々をしていると云ってもあんたが怒らなければいいけれど、……」

彼が何《ど》んな商売かは知らないが、私に対して余りに自分で自分の商売を卑下しているらしい彼の事を思うと私は考えずにはいられなかった。

たとえ彼が何んな商売にしろ、今の自分程賤しい稼業をしているものはない。自分が斯《こ》んな稼業をして人をさげすむなんて事があるものか。何と云う私は間違った考え方を今迄していたんだろう。こう思うと彼に対してほんとうに悪いと思った。

そして先刻《さっき》から自分の商売を云おうか云うまいかとためらっているらしい彼に云った。

「いいえそんな事はないわ、云ってごらんなさいよ」

私が急に明るい顔をして笑いながら云うと、

「きっと厭な顔をしないね」

彼はそう云って念をおすと、ようやく口を開いた。

「浅草公園の○○館知っている？　あんたは。そこにいるのさ私は」

「何しているの」

私はまた追究した。彼はいよいよ当惑したらしかった。しかし丁度《ちょうど》罪人がとうとう行《ゆき》つまって白状するかの様に、

「役者、女形の」

彼ははき出す様《よう》に云って私の顔色を窺った。

私は最も賤しい稼《かち》業の私に対して、自分の商売を云ったら何んなに人が賤しむだろうと思って遠慮勝な彼が気の毒になって来た。そして私は彼が、話しづらくない様にと思って、

「そう、だけど役者って商売も仲々楽じゃないでしょうね」

むしろ物柔《ものやさ》しくそう彼に云った。

「楽だの楽じゃないと云うよりも、気ぼねがおれてね」

　彼は前よりもこだわりなく云う様になった。

　彼は二十二三の若者だった。それにしても随分正直な、そして純な所があった。そして何を聞いても正直に話した。

　彼の家は千葉県にあった。両親は田舎で糸繭商《いとまゆしょう》をしている。彼はその中の一人息子だった。しかし彼は生来女らしい事が好きで、小さい時からほとんど同性と遊んだ事はなかった。彼は高等小学を卒業すると、東京へ出て来て、印刷職工になったが、余り芝居が好きで解雇され、それから蕎麦屋の出前持になったり、カフェーのコックになったりしていたが、コックになっていたとき、或日、同じコック仲間に、

「君は何《ど》うしても役者になれ、そうすれば将来はきっと有名な女形役者になれるから」

　などと云われたので、彼はすっかりその気になり、色々心あたりを探していた時、丁度コック仲間で今の○○館の主任の所へしじゅう出前を持って行く者がいた。余りに彼の熱心さにそのコックが中に入り主任に話してようようそこへ入ったのだった。そして今では市之助《いちのすけ》の芸名で、何うにか斯《こ》うにかやっているが、しかし彼は親に背いてそうした所へ入ったのだった。が、女らしい彼だけに始終親の事を考えているのだった。

「私は館《かん》へ入って足かけ二年も経つけれど、ほんとうにこの頃は考えない事はないね。親は一年ましに老いて行くし、そうかと云って私はまだ親が何も出来ないからと云って引取るだけの力はないし、他に兄弟はなし、親のめんどうを見てやれる頃になれば鉛毒《えんどく》*で死んでしまうし、そんな事を考えると、ほんとうに手に職を持ちたいと思うね」

そして人目には面白そうに見えるが、またあんないやな商売はないと彼はこぼしていた。そして、彼は自分が舞台に出たときの写真などを持って来て見せた。

彼は今館主の家に下宿しているからと云って、夜が明けぬ間に帰って行くのだった。

「私はあんたにお願いがあるんだけれど、きいて呉《く》れるかしら」

或日彼は私にこう云った。

「ことによっては」

「あんたが私に対してですよ、同じ女だと思ってつき合って呉れない」

そして、私が彼に対して異性の感情を抱くと、彼は変な方へ感情が走って何も相談したい事があっても出来なくなるからだと云った。

「ええそんな事は訳はないけれど、あなたも私に対して、すべて男らしい態度をすててしまわなければそんな約束は出来ないわ」

私は彼が心から異性からかけ離れた気持になれるか否かをたしかめるためそう云った。

「いいよ、私は始めっから女の人に野心があって来たんじゃないから、……」

彼は自分の様な商売している者の気持を何で普通の人が分って呉れよう。せめて斯うした所の人で自分の心が分って、真実の友達になって呉れる人でもあったらと思っていたのだがと言った。

「今迄あんたに対しての私の態度をほんとに許してね、私は今度こそ諦めます。そして今度こそ心からの友達になって下さいね」

彼は始めて私と誓った。しかし、同性の友を得られない彼が何となく淋しく思えてならなかった。そして私は彼とそうした事を喜んで誓ったものの、男として何かしら恵まれない彼が可哀そうにもなった。

その後彼は来る度に非常に鉛毒の事を気にして私に相談するのだった。

「ついこの間も仲間の一人が鉛毒で死んだんだもの、私はこの頃になって、つくづく怖くなってね。親がなければ私なんか何《ど》うなってもかまわないけれどね、今の内早くよして何かかた気の商売をしようと思うけれど、何んな商売がいいだろう。考えて呉れないかしら」

彼はそう云っては考えていた。

が暫《しばら》くして、嘆息《なめいき》を吐き出したと思ったら、

「ああ、厭になってしまう。鉛毒で死ぬ位まで働けるならまだしも、いつ首になるか分らないのだからね。いつかも、私の友達が、舞台でね、木で造った重い石に見せてあるものを持ち上げたんだがね、馬鹿《ばか》に重たそうに最初には力を入れたのを、下すときに楽に下に置いちまったもんだから、座元にそれを見つけられて、すぐ首になっちゃったんだもの、ほんとに三十分でも一時間でも舞台に立っている時は冷々《ひやひや》して生きた空《そら》がないの、それに私の所では、館主の妻君が舞台に上っていてね、それはそれは酷《ひど》い事をするんだからね、まるでクレオパトラの様だね。それの機嫌を少しでも損じりゃ、すぐ首なんだからね。ああ、厭だ、厭だ、どうしてこう云う商売になっちゃったんだろうな、……」

こう云って、すっかりしおれてしまった。

それから間もなく彼の足はだんだん遠のいて来た。

「私はつまらないな」

或夜彼は来ると匆々《そうそう》こんな事を云い始めた。

「つまらないなって何を？」

私は相変らず舞台の事か、或は前途の事などを考えてこうした言葉が出るのだろうと思って聞いた。

彼はもじもじしながら、下を向いたなり、顔を上げなかった。

「え、何《ど》うしたの、何か心配事でも出来たの、話して御覧なさいよ、え、黙っていちゃ分らないじゃないの」

こうたたみ込むと彼は、

「私ね、この頃」とまた下を向いて、

「……」

「あ、矢張り、私は弱い男だな」

果してそうだと思った。たとえ何んなに偉そうな事を云っていたって、負け惜《おし》みをしたって、××には絶対に征服される男性だ。けれども、この人に限って、そうした苦しみも覚えず、悩みもせずに、ただの友達として来ているのだと思っていたのに。

しかし、自然の神のいたずらは、この女の様な男にも男としての本能を今曝露させようとしている。と思うと、今迄彼に抱《いだ》いていた私の「同情」がほんとうに馬鹿馬鹿しいものであると感じた。

そしてまた、こんな事を考えた。この人の今迄の態度や言葉は、こうした所にいる女を欺くためにしたんではないかなどと、それからの私は彼に対して、前の様には親しめなくなった。そして何だか彼との間に、底冷たい隔たりを感じた。

# 廓の恋の悲哀

大巻《おおまき》さんは私がここへ来てからの最初の印象の人だった。ほんとうに無邪気な人だった。私は彼女が物を云ったり笑ったりする時の顔が何とも云えない程好きだった。

私は日に日にそうした彼女に牽付《ひきつ》けられた。そう思うせいかだんだん日が経《た》つにしたがって、彼女もまた私を妹の様《よう》に可愛がって呉《く》れる様になった。そして彼女のお連れにはきっと私が出る様になった。

彼女の今迄の生活は実に波瀾をきわめたものだった。

彼女は少《ちい》さい時両親に別れ、十三の年から芸者屋、茶屋と数知れない程歩いて来たのだった。

彼女の仇《あだ》っぽい濃艶《のうえん》な姿と愛嬌のある顔は、彼女をこうした所へ深入りをさせたのだった。

朋輩《ほうばい》達からもここの米びつだと云われる程彼女の所へはいい客が沢山来た。他の花魁《おいらん》達は暇で仕方がないと云ってる時、彼女は本部屋が一晩にいくつあっても足りないと云う位、客は争って彼女の所へおしかけて来た。そうした客を彼女はうるさいと云った様な顔してあごであしらっていた。そして少し気に入らない事があるとすぐすて寝をするのがくせだった。時によると一週間も二週間も休んでいた。

「妾《わたし》が少しせい出して働けば、五百や千の金は一年たたなくてもきっとぬいて見せる」

彼女はいつも口ぐせの様にこう云っていた。それには彼女は如何《いか》なる客でも牽付ける自信があるからだった。けれど彼女は他の花魁達と一風変っていた。早く借金なしをしてこうした社会から足を洗うと云う心は更になかった。

「妾は皆んなの様にああしてあくせく働く気になれないわ、馬鹿馬鹿《ばかばか》しい。妾はね、一生こう云う生活をするの、面白くね、だけど、一所《ひとところ》にじっとしてちゃ面白くないわ、妾ねこれからものんきに方々とび歩いて見るつもりよ。それに何《ど》うして皆んなはあんなに借金ばかり苦にしてるんだろう、妾おかしくてしょうがないわ」

彼女は朋輩達をむしろ嘲《あざ》けるかの様に云っていた。

また彼女として一所に一年と落付いていられない性分だった。そう云う風なので今迄にも十数軒歩いて来たが、二三日居ては出て来た所を入れると、数えされないと彼女自身も云っていた。

忘れもしない去年の二月十四日、嵐の様な強い風の吹いていた夜だった。私は彼女の部屋で彼女の初恋の話を聞いた。

彼女は十五の年に或る芸者屋に豆千代《まめちよ》と名乗って半玉《はんぎよく》に出たのだった。そして彼女はその時初めて材木屋の一人息子に恋した。当時豆千代だった彼女は間もなく身《み》請《う》けされたが、同棲してから僅《わず》か四月目に、肺におかされていた夫はとうとう彼女を残してあの世の人となってしまった。夫に先立れた彼女は一月も二月も悶《もだ》え、悩んでいた為に病気になり、暫《しばら》く入院していたが、体がなおると彼女は決心をして再びつとめに入ったのだった。そして自分がこれから何うなろうとも、必ず定まった夫は持たないと誓った。

「それから妾はね、堅気《かたぎ》になろうと云う気は起らないわ、また起そうともしないの、妾はそれでいいの、一生こんな事して終るの、……その当時の事を考え出すと何だかね……」

彼女はそう云って悲しそうにうなだれた。

そうした話をすると、きかない気の彼女も常の元気に似合わず沈みがちになるのだった。

彼女と私はこの時初めて、こうした社会から全然かけはなれた気持になって沁《し》みじみ話し合った。

それから後《のち》、ある夜、十二時頃、私が部屋にいると、彼女は何となく明るい顔をして入って来た。

「お春さん、随分おかしな事があるもんよ」

彼女はさも不思議そうにくびをかしげて低い声でささやいた。そして再び口を開《ひら》いた。

「この間の話の人ね、あの人に生き写しの人が上ったのよ。妾ねひょっと見た時に余りよく似ているので生れ変って来たのじゃないかと思って、……それで八番の部屋にいるの、でこう云ったのよ、『僕は遊びに来たんじゃない。君達を慰さめに来たのだから、君の誰か仲のいい友達を連れて来給《たま》え。僕の面白い話を聞かせて上げるから。』って云ったの。だからすぐ入《い》らっしゃいよ、きっと、待ってるわよ」

彼女はそう云うと、恋人のそばへでも行くかの様に走って行った。

私もすぐ行こうと思った、けれども初会から自分一人で入って行くのが悪い様な気持がしたので止《よ》した。するとまた迎いに来た。

「何してるの。あの人ね、二人きりじゃつまらないって云うのよ、話しても話しがいが無いって。早く」

彼女がせがむ様に云うので一緒に行った。

彼女の客は私が入って行くと顔に一杯な笑《えみ》をただよわせて私を迎えて呉れた。

「ささ、遠慮しないで入り給え。僕達は待ってたんですよ」

彼は二十六七の青年だった。大島のついの着物と羽織に袴をはいて夜具の上にきちんと坐っていた。私はすぐ何処《どこ》かの会社へ勤めているのだと観察した。

間もなく彼は私に、和田×と書いてある名刺を呉れた。

彼は色々の話の末、自分が小さい時海辺で育ち、それから勉強をするために都へ出て来て、そして今日の様に勤《つとめ》に就《つ》く様になった事を話した。

彼は漁師の子だった。男ばかり三人兄弟の末っ子だった。それに生れつきの憂鬱な気性だった。末っ子で我儘《わがまま》一杯に育った彼は学校へも行かない日が多かった。そうして勉強ぎらいな彼は村の小学校をおえると、家の手伝もしないでぶらぶらしていたのだった。

或る時は海辺へ行って舟を浮べ、小さい心にあわい空想をえがく時もあった。

彼は十五の時に初めて同じ村の漁師の娘と恋に落ちた。

それからの彼は毎日の様に娘と浜で逢った。そして、浪の静かな時、必ず舟を出した。

二人は海の中を何処ともあてもなくギイーギイーと艪《ろ》を漕いだ。そうしては太陽の沈むまで甘い恋を語り合ったのだった。

二人がお互に固い約束をしてから三年の年月が過ぎた或る時、世話する人があって女は突然自分の恋人を捨て故郷を去って遠い都へ嫁に行ってしまった。

女に去られた彼は当時十九であった。常に性質のやさしいのと憂鬱な彼の悩《なやみ》は一通りではなかった。

彼は随分その女を恨んだ。それからというものはあらゆる女を恨み初めたのだった。

それから或日彼は浪のあらい時をえらんで舟を出したのだった。彼は自分の力のつきるまで死ぬまでと思って、やたらに艪を漕いだ。しかし終《しま》いには艪を漕ぐ力もつき、空腹なのとで舟の中にたおれた。そうして浪にゆられる、丁度《ちょうど》捨て小舟《おぶね》の様な舟の中で、一日一晩考え続けた。彼はその夜明けに輝しい光を宇宙全体に投げながら、水平線上から上《あが》る、太陽を見た。と急に力強い叫びが彼の胸の中《うち》にわき出たのだった。

一人の女のために男一匹がそんな弱い事では何うする。そうだ自分はこれから新しくこの社会に生れ出よう。俺は一生懸命勉強しなければならない。そうだ俺も同じ都に出て勉強しよう。何《ど》っちが勝つか、そして俺はもう何んな事があっても女を恋すまい。俺は何んな苦労をしても苦学をしよう。何、出来ない事があるものか。

彼はこうして決心をしたのだった。希望が彼の胸の中にみなぎった。そう思うと彼の心の中には或る光明が輝いて来た。彼は急に元気付いて家へ帰るべく再び艪を漕ぎ初めた。

その明くる朝、ようようの事、両親をなっとくさせ、彼は暗いうちに遠い都に旅立ったのだった。

それから上京した彼は牛乳配達をしたり、○○会社の給仕になったりして苦学したのだった。彼は辛いと思う時、必ずその女の事を思い出した。何のために俺は斯《こ》んな苦しい思いをしてまでも勉強をしているのか。この位の苦しさをしのべないで何うする。

彼はそうしては自分で自分の心をはげまして努力した。その間の彼は寝る目も寝ずに勉強した。こうして苦学に苦学を重ねて来た彼は二十四の年にようよう今の丸の内の或る会社員として勤める様になったのだった。

今彼は母と二人きりで暮しているのだった。父は彼が上京して間もなく死んだ。南の果《はて》の海辺に今でも二人の兄は漁師をしているのだった。

「だが、もし女が僕から去らなかったら、僕だってやっぱり漁師で終ってしまったね」

最後に彼はこう云った。話はそれっきりで暫くとぎれた。ピューピューとうなりを立てながら、風は吹いている。その度にガラス戸がガタガタと音をさして物淋しさを感じさせた。やがて彼はまた考え出した様に云った。

「あの時も丁度、今夜の様に強い風の吹く晩でね、浪が荒かったが。それで自分が舟に乗っているんだか乗っていないんだか夢中だったね。舟の中に仰向《あおむけ》になったきり一晩中まばたきもしないで只《ただ》星を見つめながら考え通しだった」

こうした話を聴いていた私は、浪の荒い海の真中に、木の葉の様に浪のまにまにゆれている舟の中の彼がまざまざ眼の前に浮んで来るのだった。

「じゃ今迄随分苦労をなすったのね」

私は彼にそう云った。そして、彼が前に云った言葉を思出《おもいだ》さずにはいられなかった。「僕は遊びに来たんじゃない。君達を慰めに来たのだ」それが彼の心からの真実の言葉であったならば、そして、それ程苦労して来た彼であったならば、普通こんな所に来る人間の持つ本能を現さずに帰るだろう。私はそれとなく彼の本心を窺っていた。

その後彼は一日おきに必ず来た。併《しか》しいつも三円の遊びだった。

彼が来る度に彼女の彼に対する親しみは増して行った。

彼女は逢っている以外に毎夜の様に手紙を書いて彼が来ると渡した。そしてこの頃の彼女の他の客に対する態度が変ったとおばさんにも云われるようになった。

併し彼女はそんな事にとんちゃくなかった。毎夜彼女の本部屋を目がけておしかけて来る数多《あまた》の客をもかえり見ず彼の所にへばりついていた。

彼女は常に朋輩達から一反風呂敷と仇名《あだな》を付けられていた。それは彼女が常に客の事で自慢しているのと、少しの事でも大きく云うからだった。また彼女は商売敵で誰よりも憎まれていた。

「すまないけどね、妾は二三円の客なんか相手にするのもけがらわしい」

彼女はこう云っていつか花魁達三四人と喧嘩をした事があった。それを思い出した朋輩達は黙ってはいなかった。

「一反風呂敷が先《せん》に云った事を忘れたか。なる程お前さんにはいいお客が沢山来るよ。だけど、この頃、若い客が出来たってじゃないの、和田とか何とか云う若造だって、……今迄のお前さんに似合ないね。玉帳《ぎょくちょう》を見りゃ来る度に大変の玉代を払っているそうだ。いい客が来るからって大ぼらばかり吹きやがって、……」

或る夜、ここで可成《かな》り古い意地の悪い年増の花魁に彼女はさんざん云われた。

「今迄お金を遣わない客なんか見むきもしなかった人がね。……」

他の花魁達も小さい声で相づちを打った。

「色男がいつもあんどん部屋*へ入っているなんて皆んなの前にはずかしくない？」

たまにはあんたが立替えて本部屋へ入れたら何う……」

彼女に対してそうした皮肉を云う花魁もあったが、彼女はいつも黙っていた。

「花魁達に何《ど》う云われたって今の妾は何うしようもないわ。妾が×さんに対して何うしてこういう気持を持っているかと云う事は皆んなには分らないんだわ。だけどもなにね、妾、この頃少し分って来た様な気がするわ。今迄妾は自分で自分の心をつかむ事が出来なかったけれど、×さんが来る様になってから、これが妾のほんとうの心じゃないかしらと思うの、妾ね、こう思うの、物質にとらわれているようじゃその人に対してほんとの恋は得られないと思うの、……」

或る時彼女は私の部屋へ来て沁みじみそう云った。そして、たとえ自分は人を恋する事が出来ても、その人と一緒になる事は出来ない。それには余りに身も魂も荒過ぎているからだと彼女はしげしげ云った。

相変らず彼は来たが、必ず私を迎いに来た。その度に一度として寝た事はなかった。

「君達《きみたち》はいくらこんな所にいても、決して自分で自分を卑下してはいけない。心を高く高く持たなければいけない」

彼は来る度に口ぐせの様に私と彼女に云いきかせるのだった。そうしてはいつも色々の話をしただけで帰って行くのだった。

併し二人の恋は深刻に進んで行った。

私が彼女と知ってから半年も経つか経たないと思う頃、彼女は突然品川へ住替《すみか》える事にきまった。それから四五日過ぎてとうとう彼女と別れる朝になった。私は彼女の部屋へ行って色々の荷物を片付けた。

「何うして斯んなに急に住替なんかするの大巻さん。何か訳があるんでしょう」

手伝いながら私は彼女に聞いた。

「別に訳なんかありゃしないけれど、元ッから妾はここの家《うち》は気に入らなかったのよ、客だねは悪いしね、だから斯んな所にいたってつまらないし、それにお春さん妾がいなくなった後は×さんのめんどうをよく見て上げて頂戴《ちょうだい》ね」

私は彼女からこうした意外の言葉を聞いて驚かずにはいられなかった。私は彼女が少なくも彼のために朋輩達に色々云われるので出るのだろうと信じていたからだった。そしてその言葉が彼女の心から出た言葉でないと思うと、たまらなく私に対して偽《いつわ》る彼女が憎らしかった。が、もう今日限りここには居ない人だからと思ったので、云い度《た》い事も云わなかった。

彼女はその日の午後荷物と一緒に出たきりだった。そして、彼女がここから住替すると同時に和田さんの姿もぱったり見えなくなった。

しかし、あれ程仲のよかった彼女が、ここから住替してからと云うものはまったく消息がなかった。が、今大阪の遊廓にいると風のたよりで聞いている。

# 夕霧さんの恋

「一寸《ちよつと》、今夜夕霧《ゆうぎり》さんのあの人が来る晩じゃないの」

「そうだよ。もうそろそろ来てもいいね」

「妾《わたし》はね、いつも考えるけれどさ。夕霧さんの様《よう》な気性になったらいいだろうと思うね。自分が何《ど》んなに惚れていた男でもさ。厭《あき》てしまえば、しまいにうんと巻き上げて、おっぽり出しゃあ、世話はなくていいやね。だけど、妾《わた》しゃその真似は出来ないね。お夕さんの心は何う云うんだろう。そこが分らないね。自分が何んなに惚れていた男でも、いやんなれば散々絞り取るなんてね。その気持がさ、えらいね」

「だけどさ、柄《がら》が柄だからね」

「いくら柄が悪いたって、人情もあらあね」

「それにあの人に限って、遊人《あそびにん》とかさ、役者とか箱屋*とか、あんな派手気《はでぎ》な商売人ばっかりじゃないの。一体がお夕さんはそんな人達が好きなんだね。それにね、お夕さんのお父つぁんも遊人だったんだとさ。だから始終自分でもね、妾は親が柄が悪いんだから、その子だもの柄の悪いのが好きなのは当り前だってさ」

「そうそう箱屋って云えば、お夕さんのあの大《だい》さん何うして、この間までは、あんなに大さん大さんて云ってたじゃないの」

「もうあの人だって長い事はないよ。あのあんばいじゃね。気の毒だね。妾は他人《ひと》の事だけれど、大さんばっかりは同情しているね。大さんの方じゃ一緒になって呉《く》れると信じきっているんだからね。それにみすみす欺《だま》されるんだって事をこっちで知ってたって、そんな事をまさかあの人に云う事も出来ないしさ」

「けれどまた、入上げる人もいれば、絞り取る人もいて丁度《ちょうど》いいじゃないの。商売だから仕方がないよ。欺される奴が馬鹿《はか》なんだからね、何う思ったたって」

「そう云やあそれまでさ」

こうした朋輩《ほうばい》達の話で張《は》り店《みせ》は持きりだった。

大さんもほんとうに可哀想な立場だった。最近あの年若い吉田と云う男が出来てからはみじめなものだった。

丁度その時、噂の若い男が見世先《みせ※》へ来た。その男はきまって日和下駄《ひよりげた》だった。

「来た来たお夕さんのあれがさ」

「何処何処《どこどこ》」

その音を聞きつけた花魁《おいらん》達は口々に叫びながら、障子の所へよりそって我がちに覗き込んだ。

「いつ見てもいい男だね。あれだものお夕さんがね、……」

お互が意味ありげに顔を見合せてにっと笑った。

男は二階へ上るとそのまま部屋へ行った。

×　　×　　×　　×　　×

夕霧さんは、小柄な一寸粋な女で、今年二十四だが、地味づくりのせいか年よりも三つ四つ老けて見えた。余り顔立のいい女と云う程でもないが、調子の好い口のききっぷりや睫毛《まつげ》の長い、大きな黒みがちの瞳は人の心を牽《ひ》き付けずにはおかなかった。

彼女の島田がいつも一寸横に傾むいているのや、前髪と鬢《びん》の恰好《かっこう》の何となく仇《あだ》っぽい風情には誰しも惚れ惚れとさせられるのだった。

彼女はまたお客を欺すのが不思議な程巧《たくみ》であった。これと見込んだら最後きっとその男は通って来るので、それだけは彼女自身でも鼻が高かった。

そんな風なので彼女は二番と席順が下った事がなかった。

彼女の所へ来る馴染客《なじみきやく》の多くは年配の男だった。

彼女は二三年前までは豊橋で芸者をしていたのだったが、男の為に娼妓《しょうぎ》になった事は自分でも常に云っていた。

彼女はそうした芸者時代からの様々の体験を、暇にまかせて、張り見世に退屈している朋輩達に、お伽噺《とぎばなし》の様に話すのがおはこだった。

その当時彼女の家は橋場にあった。父は遊人で性来のなまけ者だったが、彼女の十三の春にふとした病で他界してしまったので、一文のたくわえもなし、頼るべき親戚もなかったので、彼女は母と妹の為に、その年の暮に豊橋の芸者屋へ売られたのだった。その後母も彼女の十六の年に亡くなってしまった。間もなく妹も信州の芸者屋へやられたが、今では信州の或る小学教師の妻になっているそうである。

そして彼女は、今迄には随分色々な経路を辿って来たのだった。

彼女が売られた翌年の春、或る中学の英語の教師と初恋に落ち、髪の毛を切って交換し合った事をよく朋輩に聞かせていた。

彼女はこの教師の話になるときっと涙ぐんで終《しま》うのだった。そうした後《のち》、その教師から送られた詩の書いてある三冊のノートを見つめては考えに沈むのが常だった。その詩や歌の書いてあるノートを朋輩達に見せたりした。どれもこれも悲痛な恋歌ばかりだった。

彼女は時々ひけ過ぎに、そのノートを抱きしめて、さめざめと泣くのだった。時によると彼女のそうしたむせび泣く声がシンとした新館の静けさの中から聞える事もあった。

そうした点から二人が何《ど》んなに恋し合っていたかが想像されもした。

「つい去年の暮までは文通だけはしていたんだけれどもね。その時向うの母親がね、妾の所へ手紙をよこして病気で死んだって知らせて来たけれど、何だか分りゃしないよ。妾は何うしてもほんとだとは思えないね。だから妾は何んな事をしても一度は尋ねて行って見るつもりよ。それも近い内に一日がかりで行って見ようと思っているんだけど……」

そう云って彼女は小娘らしく涙を呑んだ。

また芸者をしている当時、そんな人がありながら、他にもお寺の若い坊さんや、行司*などともそれぞれ浮名を流したそうである。そんな風に彼女は非常に厭き易い性《しょう》だった。ここに入ってからも、彼女は長い事、自分の従弟《いとこ》で浅草で喜劇役者をしている男を恋していたが、男には妻子があるので、この頃話し合いで別れたのだった。でも時々やりて部屋でその男のきゃしゃな姿を見かける事があった。彼が始終来ていた時分にはよくその男の妻が子供をおぶって来ては泣き事を云っていた。

「あんた、女房や子供のある者を何うするってのさ。いくら小さい時分から惚れ合っていた仲だってさ。従弟じゃないのさ。いいかげんにおしよ。世間に男がないってんではあるまいし、罪だよ」

などと朋輩達に云われた事があった。

そしてこの頃は、今夜来た吉田という男に血道をあげる様になった。

「まったくあの時の妾は馬鹿だったね。やっぱり皆んなの云う通り独身者《ひとりもの》がいいね。妾しゃ今になってつくづく思うね。なぜもっと早くあんな可愛《かあい》い吉田さんの様な人が来なかったんだろうと思ってね……おまけに妾より一つ年下なんだろう。そりゃ可愛いもんだよ。口惜《くや》しくも妾の真似は出来ないだろう」

こんな事を云ってこの頃の彼女は一人ではしゃいでいる。

彼女は張り店へ来るときまってその年下の男の事ばかり云うので、この頃では朋輩達もまぜっかえす様な興味もおぼえなくなった。

×　　×　　×　　×　　×

「あんた、今夜は随分遅いじゃないの、何うしたのさ。何うせ来て呉れるんならもう少し早く来たらいいじゃないの。何してたの」

彼女は中ば怒った様な顔をしてそう云いながら、彼と向い合って火鉢の前に坐った。

「うむ、もっと早く来ようと思って出かけた所が、生憎《あいにく》途中で昔の友達に逢っちゃったもんだから……」

彼は懐手《ふところで》をしながら茶餉台《ちゃぶだい》の上に視線をむけた。

彼は遊人で、久しい間二晩おき位には必ず来て、二三日は居続けをして帰った。

彼は駒形の或る酒屋の次男であるが、悪い友達の為に遊人になったとの事だが、一方には美貌が仇をなしたとの噂もあった。

彼女が日頃彼の美貌を朋輩達に誇っているだけあって、きりっとした美男子だった。

脊《せ》高く瘠《やせ》がたで、ゆうきのどてらを着て火鉢の前へ坐っているいなせな姿は、異性の心を牽付けずにはおかなかった。

「ふむ、何《ど》んな友達に逢ったんだか分りゃしない。男なんて外《ほか》じゃ何してるか分ったもんじゃない」

彼女は男の顔色を窺いながら云った。

「自分勝手にそんな事を思っていりゃいいや」

「だって年中側《そば》についていやしまいし」

「そう思ってるんなら思ってもいいよ。何でもいいから酒を持って来なよ。いつでもきまってるんじゃないか」

彼女はお酒の事を云われて躊躇《ちゅうちょ》した。おばさんが自分に対して何んな事を思っているかもよく知っていたし、またそれをおばさんが自分に向って一言も云わないだけに彼女は何うしてもこれ以上貸して呉れとは云いづらかったのだった。

彼女は彼に、今夜だけ我慢して貰おうかしら、それともおばさんにもう一度立替て貰おうかなどと思ったりして少なからず気をもんでいた。

「何してるんだい」

彼は彼女の考えている様子がいつもとは変なので少し苛立った。

彼にそう云われたので、彼女は思い切って口を開いた。

「あんた今夜だけ我慢したら何う。少しは妾の事も考えて下さいよ。あんたも知ってる通りそうそうおばさんにばかり借りられないじゃあないの。おばさんだけの借金だって、十や二十じゃないんだもの。指輪だってあの検査着だって、他の四五枚ばかりいい物は皆んな質に入れてしまってさ。検査に行く時にゃ人にかり着して行く様な始末じゃないの。おばさんだって、もう何か金目の物でもやらなきゃ、一文だって貸して呉れやしないし、何うするのさ。妾だって銀行背負《しょ》って花魁しているんじゃあるまいし、少しは妾の身にもなって頂戴《ちょうだい》よ」

彼女はここまで云って唇をかんだ。

男は一寸てれた様に苦笑していたが、

「俺だってもう少したてば何うにかなるよ。もう少しの間だ。いつまでもお前に苦労させやしないよ」

「もう少しもう少しって、あんたの事なんかあてになりゃしない。いつでもそんな事ばかり云ってるじゃないの。それにここの所取られ通しでさ。妾だって気が気じゃありゃしない。人の心配も知らないで、ほんとうにしょうがないね。今夜は二合びんで我慢して頂戴よ」

と云いながら彼女は仕方なしに出て行った。

彼女はこれ以上彼に強く云う事は出来なかった。そして何《ど》うせ飲ませるのなら、あんな事も云わなければよかったと思った。

廊下へ出た彼女は、自分がああ迄云っても黙って聞いていた彼の姿を思うといじらしくもなって急に泣き出したい様な気持になって来た。

彼女はおばさんがまた例の顔をしやしないかと思うと堪《た》えられない心にもなったが、いやいや何うにでもなれと云う気になって、急いでやりて部屋へ行った。

「ねーおばさん、妾馴染にお金の事を頼んで近い内に持って来て貰う約束して置いたから、その時は必ず返しますから今夜だけ貸して下さいませんか、きっと返しますから……」

彼女はそう云ってようようの事で玉代《ぎょくだい》だけを立替えて貰った。

彼女はやれやれと思った。

彼女はそうして、彼の為にはお客を利用し、また心にもない嘘を云ったのだった。

その頃彼女の馴染客の中《うち》で、足かけ二年ばかり続けて通って来る日本橋の箱屋で、大さんと云う人がいた。その箱屋は彼女を自分一人の物の様に思い込んでいた。そして彼女の年明《ねんあ》け＊を千秋《せんしゅう》の思いで待っているのだった。

箱屋は年の頃三十出たか出ない位、角刈の頭、小倉《こくら》の帯、黒八丈の前掛、そうした姿は如何《いか》にも色町に住み馴れた人だとうなずかれた。

その箱屋は彼女の所へ丁度小鳥が暖い巣へでも帰って来るかの様にせっせと通って来るのだった。そして彼女と夫婦《ふうふ》約束をした時の事を一日として思い出さない事はなかった。

「妾、後一年位で年が明けるのよ。あなたがうんと来て呉れたらきっと一年経《た》たなくも出られるわ。そうでしょう、あんた。そう思うわ、身請《みうけ》するったって随分かかるし、今あんたがいくら遣ったって、年が明ける時には一文だって要《い》らないんですもの。妾そう思うと嬉しくて嬉しくてしょうがないわ。そうしたら二人は早く一緒になりましょうね。きっとよ、……」

「そうして呉れ。俺はお前の心をよく知っている。お前がそう思って呉れると思うと俺は何と云っていいか分らない程嬉しいよ。きっと俺はお前の為なら何でもするから――」

箱屋は心から嬉しげにこう云った。

彼女の部屋にかざってある大きな姿見の鏡台は、こうして夫婦約束をした夜、そのしるしとして、箱屋が彼女に買って与えたものであった。

箱屋は老いた母親と二人暮しだった。方々から嫁の世話があると母親には云われるが、彼はそうした話には耳も傾むけなかった。只《ただ》彼女が一日も早く自分の懐の中に来て呉れるのを待っているのみだった。そうして母に安心させる時を何《ど》んなに待っているか知れなかった。その時の母は何んなに喜こんで呉れるであろう。

彼は小おどりする胸をおさえて喜こんだのだった。

こうして男を訳もなく手玉に取っている彼女でも、彼《か》のやさ男には目がなかった。

彼女は自分より一ッ年下の男、金《かね》のわらじで探しても中々吉田さんの様な男に逢うもんじゃないと、朋輩達に云われた言葉を思い出してはたまらなく嬉しくなるのだった。

「自分は何と云う幸福なんだろう。朋輩達の誰よりも一番自分が幸福だ」

彼女は心の中でこうつぶやいては喜んだ。

彼女は吉田とこうした仲になってから、今迄にない廓《くるわ》の苦しみを知った。

この頃の彼女は彼の為には日夜悩み続けていた。

おばさんでも店の者でも、少しもいい顔を見せなくなった。

ことにやりてのお高婆《たかばあ》さんは彼が来るといつも不機嫌だった。

「ほんとに夕霧さんの花魁には困ってしまうよ。とんでもない虫*が付いちゃって、普通の人ならばおはき物*にでもしてしまえばかまわないけれど、ああいう人は後が怖いからね」

お高婆さんは彼が来さえすれば、そうして愚痴をこぼすのだった。虫の付く事は廓の禁物となっている。

おばさんも彼が来る度に立替させられるのと御祝儀を貰われないからだった。

彼女は彼の為には、ほとんど目星《めぼ》しい物は質に入れて無くなっていた。朋輩達の誰よりも物持だと云われていた位よい着物も金目の物も持っていた彼女ではあったが、今ではすっかり無くしてしまい、その上年期*まで延《のば》して大金を借りてしまった。

「この頃じゃ、雇人《やといにん》から朋輩達まで変な目をして妾を見る様になった。人間と云うものは困ると皆んなこんなものかしら。今迄人に頭なんか下げた事のない妾だったけど、こうなっちゃお終《しまい》だ。ああつくづくお金が欲しくなった。お金さえあったら斯《こ》んなに苦労しなくてもいいものを、おばさんにだって、こんな風じゃとても返せそうもない。どこへだって、一文と払えない様な始末なんだもの。ほんとうに、ままにならぬ浮世の習《ならい》とはよく云ったものだ」

と彼女は嘆息《ためいき》をもらすのだった。

彼女は一寸の暇をぬすんでも彼の側にいたかった。しかしおばさんはつまらない用をかこつけては彼のそばから離そうとして呼び出すのだった。その度に彼のいやな顔を見るのが彼女は身を切られる様につらかった。

こんなに苦しむのならいっその事別れてしまおうかしらなどと幾度思ったか知れなかった。が、余りに執着がありすぎた彼女には、そうした思いきった事も出来なかった。

## 牛太郎

またげんどんはくびにされた。私がここへ来てから幾人変ったろう。数えきれない。主人は、番頭が、まじめでないと云っては首にし、客の上りが悪いと云っては取替え、居眠りすると云っては早速追い出してしまう。云う迄もなく主人からくびにされない内に自分の方からよして仕まうものも多い。吉原には、番頭や、やりて婆さんの親分と云うのがある。その親分が、首にされたり、よしたりしたものを、よい店を見つけて、住込ませる。番頭でも、やりて婆さんでも親分に何でも相談しない内は何処《どこ》へも自分勝手に行く事は出来ないのである。楼主《ろうしゅ》の方は番頭がいなくなると親分に頼む。親分の方からは他の番頭をよこすようになっている。そう云う風になっているけれど、吉原中で長金花《ちょうきんか》程雇人《やといにん》の変る家《うち》はないと云われている。親分の方でも、持て余しているそうである。以前客の上げ方が下手だと云ってくびにされた番頭が遂《つい》この間店迄来て色々話をして行った。

「あのおやじじゃ、居たいと思ったって、誰だって、いやになっちゃうからね。斯《こ》んな家に誰が長くつとまるものか、俺が受合って保証するよ。それにあの使い方じゃね。いやな事を云うんじゃないけれど、第一これが安過ぎてね」遊人《あそびにん》らしいきゃしゃな指先を丸くして話した。何でも金を余り出さないで雇人をこき使おうと云う主人だ。それに常に一寸《ちょっと》でも客の上りが悪いと云ってわざわざ店先迄行って頭から番頭をどなりちらす。初めて来たものなどは驚いて逃げて行ってしまう。何て口やかましいおやじなんだろう。花魁《おいらん》達は皆家の主人には困っている。番頭を取替える事は稼業上大いに影響をきたすのだのに。今迄、顔見知りの番頭が客を上げる。その客が今度前を通っても番頭が変っているから他の楼へ行くものもある。客の方でも一度上って花魁に余り深くなじまない以上は顔馴染《かおなじみ》の番頭の方へ行く。客によって番頭と心やすいからと云って、いつも同じ家ばかり来るのがある。そんなのは、番頭が変ると、ぱったり来なくなる。余り番頭が変るので、花魁達は客が取りづらいと云ってこぼしている。今度の番頭は長くつとまりそうだ、落付《おちつ》いているようだ、もういいだろうと思っているうちに変ってしまう。せっかくとりとめた客も落ちてしまうと云う始末なのでホトホト困りぬいている。不景気で何処でも一体に客が上らないのに何でも番頭のせいにしてしまう。金《きん》どんはこの家に十五年近くも永くいた人だそうなのにやっぱり主人の為出てしまった。金どんがこの店を引いてしまってからは番頭が変ってばかりいる。金どんは出る時云っていたっけ、「俺がここの店を引いた後へ来る番頭達はきっと永くはつとまらないから見ていろ」とやっぱりそうだった。

だけど、こうして深い深い泥海《どろうみ》の様な忍従にあえぎながら何《ど》うにもならない自分等と、番頭等の自由な身に引きくらべて今更《いまさ》ら口惜《くやし》くてならない。けれども番頭にせよ、花魁にせよ、貧しく弱い為にこうした稼業をしているのだから、番頭は私達の味方になって呉《く》れてもよさそうなものだと思う。お互に主人にこんなに虐《いじ》められているのではないか。

# やりて婆の失敗

また今日はいやな日曜だ。朝から兵隊が上ると、夜昼ぶっ通しで起きていなければならないのでほんとに思いだ。それに今日は髪結日《かみゆいび》だ。

「今日の日曜だけは、早く髪を結ったら、ゆっくり休みたいな」

私は髪を結いながら、こう一人でつぶやいていると、

「春駒さん、お客様ですよ」書記《しょき》*が後《うしろ》から声をかけた。これだから日曜はいやになってしまうな、と思いながら、結いかけたまま二階へ行った。やりて部屋の前まで来ると、

「あの、長い剣をさしてる人だよ。いつも玉子をお土産に持って来て呉《く》れる人さ」

火鉢の掃除をしていたおばさんは私の顔を見るとそう云った。そして、

「また今日も、お春さんに何か買って来たらしいよ」

とニコニコしながら云った。引付《ひきつけ》へ入って見ると案の定山崎さんだった。

「や、暫《しばら》く、この前の日曜に来ようかと思ったんだが、丁度《ちょうど》家へ行ったもんだからね。今日も家の帰りさ、また相変らずのお土産を持って来たよ」

と云って四角の風呂敷包を私の前に出した。

「もうおばさんは知ってるわよ。これを持って来たって事を……」と私は少《ちい》さい声で耳打した。

「じゃ、この前の様《よう》に取られない様にいい考《かんがえ》があるよ。僕はこのまま部屋へ持っていくから、君は玉子だけ出して、また元の様に包んで呉れればまた持って帰ろう。とにかく僕と云う男は甘いよ」

そう云ったかと思うと、山崎さんは大きな声で笑い出した。

山崎さんは伍長だ。千駄ヶ谷の兵舎《へいえい》にいる。長い間来ているが、一月に一度、多くて二度位だった。そのかわり、他の兵隊の様に二円で夕方まで遊んで行く様な事は一度もなかった。来る度に五円でせいぜい四時間位しか遊んで行かなかった。

家は千葉県のお百姓だそうだ。そして度々家へ行って、帰りにここへ寄るのだった。その度にきっと玉子のお土産だった。山崎さんは見た割合に気むずかしやだった。

二度目の時だった。前の通り五円出すと、

「もう一円下さいませんか、遊興税《ゆうきょうぜい》と御祝儀なんですが」

とおばさんは云った。

「もう一円だって？　兵隊は二円でいいんじゃないか、それに僕は、そう云ってせびられるのがいやだから、黙って五円出したんだ。それに僕は四時間位しか遊ばないんだからね。けしからんよ。また八円出したって、十円出したって、やっぱりせびるんだろう。いくら出したって、限りがないんだから。それで悪けりゃ帰る」

さんざんに云われたおばさんは、なる程と思ったのか、それから山崎さんが来ると、ニコニコしてむかえる。山崎さんはそんな事があってから、おばさんを憎らしがっている。

山崎さんは軍人になる時、自分は一生軍人で暮そうと決心したそうだが、今では、もう軍人はいやだと云っている。そして来る度に、

「いっその事、百姓して呑気に一生暮そうか。春ちゃん。僕の田舎へ行かないか、実際百姓は呑気だ」

とあぶなっかしい事を云う。

「今日は夕方まで遊んで行こうかな」と云うが、前に断言してあるので、四時間立った頃になると、腕時計を見ては帰る。

今日も二時頃になると、空箱《からばこ》の包をれいれいしく抱えて帰った。おばさんは後《のち》に

なって、

「またお春さんに持って来たと思ったけれど、そうじゃなかったね」

と、貰いそくなったと云う様な顔をして苦笑していた。

もう二時過ぎにもなるのに、まだ髪を結ってる人がある。これから寝てもすぐ起されるんだからと思ったが、一時間でもと思って床に入った。

四時の御飯の時、山崎さんから頂いた玉子を朋輩《ほうばい》達皆んなで分けて食べたら、十五の玉子が一つ残った。

# ある馴染客

お見世《みせ》が付くと書記が手紙を持って来た。北海道の内山さんからだった。御手紙にはいつでも妹の光《みつ》ちゃんへ、と必ず書いてよこすので、[redacted]

[redacted]小紫《こむらさき》さんは、

「腹合せの妹はよかったわね」

と笑っている。

もう別れてから一年近くにもなる。この頃になってだんだん御手紙が遠のいて来た。その当時一月に五六本くれたが、この頃では多くて二本が関の山だ。この人は初め小紫さんと初会一座した人だった。あの時、たしか頭に繃帯《ほうたい》を巻いていたっけ。そして水菓子でビールを飲んだ事を覚えている。その後、小紫さんの人は国へ帰ったとか云って一度も来なかった。

内山さんは早稲田の学生で歌や詩が上手だったので私は好きだった。手紙をよこすにも歌を何かしら書いてよこさない事はなかった。

内山さんがよく来る時分、歌合せをやると歌が上手になると教えて呉《く》れた。それから来る度に一生懸命歌合せをして遊んだり、歌を書いておいては、来る度に見て貰ったりしていたが、二ヶ月ばかり経《た》つと、仙台へ行かなければならないと最後の御別れに来た。「僕は東京の牛活がつくづくいやになったから暫《しば》らく旅行して来る。やがては東京に帰って来るが、その時の光ちゃんはもうお母ちゃんになっているだろう」と云って淋しそうに笑った。そして地図を持って来てその夜は一晩中それを見ていた。私はその当時内山さんに御別れするのが何より心細かった。私にとって、内山さんに御別れするのは、私の何よりの友の歌や詩に御別れする様《よう》な気がしたからだった。そして御別れした当時は、お互に歌を書いてやったり取ったりしていたが、やっぱり遠くへ行ってしまえば、通り一ぺんの客だったとしか思わなくなる。でも感心な事には所が変る度に知らせてよこす。今では××××××にいる。

# 早川雪洲の兄

「今夜は馬鹿《ばか》にお客の上りが悪いわね、もう十一時にもなるのに」

と朋輩《ほうばい》達は話し合っていた。二階には三人しか上っていなかった。間もなく一人上ったらしい。おばさんはすぐ下りて来て、

「春駒さん、いつものあの二円のお客さ、そら、遠藤さんだよ」

と云って有難くもなさそうな顔して云った。

この人は私が初見世《はつみせ》後から丁度《ちょうど》足かけ二年、月に二度は必ず来ているが、いつもきまって二円だった。そして来る度にお酒を飲んでいない事はなかった。自分では家もなければ妻もないと云っているが、何《ど》う見ても堂々としている紳士だった。いつも蟇口《がまぐち》を出すが、そこにはきまって多くて二円二三十銭きりか入っていなかった。そしていつでも鍵と、黄色いお経の本を持っている。

「あなたの様な紳士が、いつも二円の遊びできまりが悪くない。あなたはいいだろうけれど、私が皆んなの前に対してきまりが悪いわよ。立派なお馴染《なじみ》さんがさ」

こう私は度々皮肉を云ってやる。すると、

「じゃこれをやろう」

と云ってすぐ洋服のポケットから鍵と黄色いお経の本を出して茶餉台《ちゃぶだい》の上でひろげる。

そしてこのお客はおばさんが来さえすればお経の本を引張り出すので、

「変り者だね、この人は。また始まった」

と云う。

いつかしら、おばさんが余り責めたので、

「余り人を馬鹿にするもんじゃないよ。僕だって金はいくらもあるよ。あるけれど、余りがみがみ云われると出したくもいやんなってしまうよ」

と云っておばさんの鼻先へ十円の札束を見せびらかした事がある。だからいくら持っていても出さないと云う事を知っているので、その後おばさんは少しもせめなくなった。

今夜もおきまりの二円茶餉台の上に出した。九番の廻し部屋へ入った客は、また黄色いお経を出して坊さんの様《よう》なふしをつけて読み始めた。私はいつもこのお経ではふき出してしまう。今頃、極楽ではさぞお釈迦様が苦笑している事だろう。

暫《しばら》くするとお客は寝巻を着替えてかわや へ行った。その間に私は何か入っていやしないかと思って客の帽子を取って中を見た。帽子の中の折ってある所に名刺が張ってあった。はいで見ると法学士遠藤×××と書いてあった。所へ客が帰って来た。いきなり、

「あなた、法学士？」

「何が、何《ど》うして……」と云って変な顔をして狭い部屋中を見廻していたが、側《そば》にあった帽子を見ると、

「この中の物を見たのだろう」と何げなさそうに軽く笑った。

「うむ、それは僕のじゃないんだ。僕の友人のなんだ。そして僕はこの友人の名を云ってたんだよ。斯《こ》んな所へ来て本当の名前を云う奴はないからね。君に始めてここで云うがね、実は早川雪洲《はやかわせっしゅう》ね、あれは僕の弟なんだよ。本名は金太郎って云うんだがね。その兄さ僕は。くだらない男なんだ」と云って一人でしゃべっている。

「僕は今日限りここの楼《うち》へは来ない。今日が最後だ。もう帰ろう」と云って洋服を着替え始めた。私は止めもしないで黙って聞いていた。

客は洋服を着替えてしまうとバットに火をつけ乍《なが》ら、

「今迄僕の様な者が来たのは君も有難迷惑だったろう。だが僕は君に感謝しなけれ

ばならないんだ。僕の様な金を遣わない人間に対してね、長い間いやな顔一つしなかった君に感謝する。実に感心した。だがこれから僕が来なくても、いつでもお経を持って来て二円で遊んで行った変り者が来たっけな、と記憶していて呉《く》れさえすればそれでいいんだ。じゃ僕はこれで失敬する」と云って帰ってしまった。

こんな人に感謝されたいからって、そうしていたのではない。私は一日も早くここを出たいと思って働いていたに過ぎない。また彼を記憶する必要もない。ただ、お釈迦様は私達をこうして苦しめて置いてよいと教えたかどうかを知りたいと思っている。

# 吉原の遊び

一時頃、××物産の増田さんが久しぶりで一人お連れを連れて上った。そしてお連れさんに弥生《やよい》さんが出た。私の人は何でも云う通りになる人だった。この前四時間六円の遊びで本部屋へ入ったが、それにお連れさんもいるので、

「何《ど》うせ斯《こ》んなおそいのですからお泊りでしょう。十二円ずつ出して本部屋へ行きましょうよ」

と云うと私の客は黙って御祝儀共二十六円出した。側《そば》にいた友達は、

「君、いくら出すんだ。斯んなにおそいのに、そんな法があるかい。とんでもない事だ。二人で十二円ならともかく、それに何時だと思っているんだい。随分ぼりやがるな。ひどいな」

「いくらおそくも本部屋で明朝までお泊りになるんじゃありませんか」

と私が云ってると、

「きまりましたか」とおばさんが入って来た。

「ね、おばさん、そうでしょう。こんなに遅いのに一人前十二円取るなんて、今増田君が出したんですがね、僕はそんな事はさせませんよ。馬鹿馬鹿《ばかばか》しい」

「だって、増田さんが御承知で出して下すったんでしょう。ね増田さんいいでしょう」

と言っておばさんは、茶餉台《ちゃぶだい》の上のお金を取ろうとした。と、同時に、友達はいきなり取ってしまった。

「いけません。僕の金じゃないけれど、みすみす無駄な金を取られるのを見ていて黙っている訳に行きませんからね。僕達は帰ります。また後で出なおして来ますよ。さ、増田君帰ろう」

友達は自分のポケットの中へお金をしまうと増田さんの手を引張って立上《たちあが》った。

「せっかくね」おばさんはあっけに取られて見ていた。私はどうせ帰ってしまうのだからと思ったが、それにおばさんや弥生さんの前もあったので、

「随分増田さんも意気地なしね。何とか云いなさいよ。男のくせに出した物を引込ますなんて、……男らしくもない……」

と云ったが増田さんは間が悪くなったのかぐうともすうとも云わない。友達は一

生懸命せき立てているので、私はむっとした。

「帰るならさっさとお帰んなさいよ」

増田さんは相変らず黙って立上った。おばさんはおくり出しもしないで、やりて部屋でぷっぷとしていた。私はせっかく弥生さんに出て貰いながら悪い事をしたと思ったので、

「弥生さん、御免なさいね。それに本見世《ほんみせ》なのに縁起の悪い事をして、今度埋合せをつけるわね」と詫びた。

「いいえ、こんな事はお互様よ。だけど春駒さん、うんと毒を流してやればいいのに、……今靴をはいてるから妾《わたし》云ってやろう……」

と言って弥生さんは大きな声で、

「何《ど》うせあんな奴は吉原と云う所の遊びを知らないんだよ。二十や三十のはした金を持って帰る様な奴だもの。碌《ろく》なんじゃないよ」

弥生さんはこう云い乍《なが》ら張店《はりみせ》へ入った。

「ナニ」友達は口惜《くや》しそうな顔してこっちをにらめたが、そのまま出て行った。

「妾ね春駒さん、毒を流してやってせいせいしたけれど、十二円取りそこなったと思うと口惜しくってね、あの時おばさんがもう少し早くお金を取ってしまえばよかったんだけれどね、あ、あ、十二円取りそこなっておしい事をした。……」

と弥生さんはいつまでも繰返えしていた。
やがて、ひけの拍子木が、かすかに聞えて来た。

美術学生の狂言

「女ったらし、不良少年、馬鹿《ばか》野郎。……」

石部《いしべ》さんが来ると、夕霧《ゆうぎり》さんはそう云って私の部屋の前を通るのだった。

自分の事を云われるんじゃないが、その為に私は針にさされる様《よう》な思いをしなければならなかった。しかし彼女が自分にそうした悪たれを云わないにしても、何だか自分が面《つら》あてを云われている様に聞えてならなかった。

「僕はあの女になんて云われてもいいよ。君が云われる様だったら、僕はおばさんに云うから、そんな事を心配しなくもいいよ」

その度に私がいらいらするのを見ると、彼はこう云った。そして私にいやな顔を見せないで呉《く》れと云うのだった。

「そんな事を云ったって、あなたなんか妾達《わたし》稼業の内幕を知らないからそんな呑気な事を云ってるんでしょう。妾の身にもなって下さいよ」

私がこう云うと、彼は黙って、私の顔を見つめるのだった。

そうして何にも知らないのだから、と思うと彼がいじらしくなるが、この一人位の客の為に、自分がどんなに苦しい立場になるかと思うと私の彼に対する憎しみの炎が燃えるのだった。

或る夜の事、おばさんはお見立ですよと云って私を迎えに来たので、私は引付《ひきつけ》へ入って行った。

客は若い学生だった。彼はマントの上からホワイトの襟巻を後《うしろ》の方へ掛け流しにしていた。

「あ、君だ君だ、おばさんこの人だよ」

彼は私を見るといきなりそう云った。しかし私は彼を見た時、何処《どこ》かで見覚えのある顔だと思って、

「あなた今迄入《い》らっした事がないんですか」

と聞いた。

「始めてだよ。下で写真見て来たんだもの」

彼がそう云うので、

「よく世間には似た人があるからね」

おばさんもそう云った。

彼は早速部屋へ行くと云って、十一円出した。

「まあまあ、何て世話をやかせない子供なんだろう」

おばさんはまるで子供でも扱う様にそう云って、彼が茶餉台《ちゃぶだい》の上に置いた金を握った。

彼は忙がしそうに、廊下伝いに新館の私の部屋の前まで来ると、うろうろしていた。

「一番と書いてある所が妾の部屋ですよ」

私は彼にそう云いすてて、羽織を着替えに下のかん部屋へ行った。

私が部屋へ来ると、おばさんは彼とお茶を飲みながら、学校の話をしている様だった。

「美術学校を今年一ぱいで卒業だもの僕は。僕の兄も美術を出て家《うち》にぶらぶらしているけれど、やっぱり僕は学校を出たら月給取になろうと思うね、おばさん。実際真面目に勉強すると云うなら僕の様なあんな学校は駄目だね。そりゃ、自分の趣味として画《え》を書くのならいいだろうけれども……」

彼はこう云っておばさんに話していた。

「だけども、なんだってじゃないの、美術学校へ入るとみんな堕落になるってじゃないの」

　おばさんは彼の顔を見て笑いながら云った。

「そんな人ばかりありませんよ。しかし画書きなんて云うものはね。関係なしに物の美しさにばかり気を取られるんですよ。たとえばですね、ここに綺麗な化がありますね。あ、綺麗な花だな、なんと云う美しさであろう、と、その美しい花そのものにばかり心をひかれるんです。どうしてこの木に、どうしてこの枝にこんなきれいな花が咲くんだろうなんて、そんな木や枝やその理由を考えなしにね。だから比較的そうした傾向があるんですね」

　おばさんは、彼のこうした理窟っぽい話がさっぱり分らないらしく黙って笑って聞いていたが、なんと思ったか、

「妾みたいな旧式な人間は、少しも分りゃしない。けいこうだとか、そのものだとかそんなむずかしい漢語使っても、おばさんには少しも、こうりょうだか、ようりょうだか得ませんね」

　おばさんは聞きかじったのか、云いなれない口ッぷりでそう云って部屋から出て行った。

「君……」

　彼は茶道具を片付けている私を呼んだ。

「君、僕はね、君に真実の友になって貰い度《た》いんだよ。それを今、ここで誓って貰い度いな。きっと、今後どんな事があってもだね。じゃ指切りをしよう」

そう云って彼は右の小指を私の前に差出した。

初めて逢って、随分おかしな事を云う人だと思いながらも、冗談まぎれに私も指を出した。

「必ず、誓ったよ」

と彼は念をおした。

それから暫《しばら》くしてからだった、私がやりて部屋にいると、

「一寸《ちょっと》春駒さん、あんたの部屋にいる客は妾の所へ一度上った客だわよ」

夕霧さんは私を見るといきなりえらいけんまくで云った。

「あら」

私は後の言葉が出ない程驚いた。そして、

「妾は分らないのよ、おばさんがお見立だと云うから出ただけの事で、……とにかくおばさんを呼んで妾の部屋へ行きましょうよ」

私はおばさんを呼んで、三人で私の部屋へ行った。彼があれ程云ったんだから、まさかそんな事はないだろう。きっと人違いだろう。そう思っていた。

彼は私達が行くと、驚いた様に眼を見はっていた。

「おばさん、この人は、五六日前へ妾の所へ来た人じゃないの」

彼女はおばさんに云った。

「あなた困りますね、こんな事をなすっちゃ。始め妾に一言でも断って下さると、……それにこう云う所では同じ家《うち》で花魁《おいらん》を取り替える事は出来ないんですよ。もう過ぎた事は仕方がないけれども、ほんとに困りますね」

おばさんは客に怒れもせず、苦笑しながら彼に云った。

「またあなただってそうじゃないの、男らしくもない、妾がいいやだったらきっぱり断ったらいいじゃないの。妾だって厭《いや》なものを無理にお願い申しやしまいし、客の一人ぽっち、欲しかないわ。それにおばさん、この間の晩こんな事を云ったのよ、『僕が便所へ行った帰りに水を飲みたくなったから、洗面所の方へ行ったけれど、分らないから立ってると、そこへ若い花魁が来たので、聞いたら親切に教えて呉れたよ。僕はそう云う若い人を見たら君の様なおばあさんは厭になった。』そう云ったのよこの人が。だから妾も、そう云う若い人を買ったらいいじゃないのって冗談を云ってたんだけれどもさ、余り馬鹿にしてるじゃないの。その時の若い花魁と云うのが春駒さんなんでしょう。妾には、学生なんか柄《がら》にもないんでしょうからね」

彼女はがむしゃらに怒り散らしている。

私はこうした彼女の話を、只《ただ》あっけに取られて聞いているより他なかった。そして、そう云えば彼女の話の通り、五六日前に、何でも若い客が「水を飲みたいけれど何処でしょう」と聞かれた。併《しか》し、私はその時の彼の顔を見たか見ないか、その時逢ったのが彼であったかははっきり記憶していなかった。で私は、その訳をみんなの前で話して弁解した。

「また妾はこんな事とは知らないからね、でも、来たか来ないかと念をおしたんですけれど、この方がほんとに来た事がないと仰有《おつしや》るし、それにお見立だと云うので春駒さんを出した訳なんですから、悪く思わないで下さいよ」

おばさんは彼に云う訳にも行かず、中に入って一生懸命彼女に詫びている。

彼は彼で始めの内は間が悪そうに黙っていたが、

「そりゃ僕が悪いよ、嘘をついたのが。けれど、僕は厭なものは厭なんだからね。今迄君の所へ二度も三度も来ていたんならとにかく、……そんな法があるもんか」

と云った。

「なんでもあなたが一番悪いんです。黙ってらっしゃい」

おばさんは彼をにらめつける様に、でも笑って云った。

「なに云ってるんだい。馬鹿野郎、気をつけろ」

そう云いながら彼女は私の部屋から出て行った。

「でも、たとえ何でも夕霧さんの方が先なんですから、二円だけ別れ玉《ぎよく》をつけてやって下さいな」

彼女が出て行ってから、おばさんはこう云って彼に頼んだ。

「別れ玉？　そんな事をする必要があるもんか。あんなものに」

彼はそう云ったものの、後でうるさいと思ったのか、すぐおばさんに渡した。

「妾、めんどくさいから出ないわ。そうでなくも、他《ひと》の客を取ったなんて云われるのが厭ですもの」

私は人一倍に威張っている彼女に、後で何《ど》うこう云われるのが厭だと思ったので拒《こと》わろうとした。

「あなたに今そんな事を云われちゃ困りますよ。あなたが悪いんじゃないですもの、それで云われたら、おばさんが云って上げますよ、そんな事を心配しないで、妾が困りますから我慢して下さい」

おばさんにこう云われると、それでもと云う訳には行かなかった。

それで結局は私が彼に出る様になった。それからの彼女は私を変な眼で見る様になった。そして彼が来るとキット私の部屋の前を毒を流して通るのだった。

彼女は朋輩《ほうばい》達に、私と彼とが洗面所の前でキッスしたと云って話した。そして二人は話し合いで出たのだと云った。

朋輩達からこうした噂を耳にする度に、自分の余りに浅薄《あさはか》さを悔いた。

なんと云う意気地がない私だったろう。何故あの時拒わる事が出来なかったろうか。

私はこんな事を考えれば考える程私自身をせめると同時に、また、彼が憎らしくなって来るのだった。

けれども悪い事は無い。しかし、いくら自分だけそう思っていても、彼が来ていれば駄目だ。やっぱり朋輩達はそうは思わないだろう。

それからの私は彼が来る度に客らしい取扱いもしなくなった。

彼が来なければ、きっと朋輩達は私の心が分って呉れるだろう、と思ったから。

でも彼は彼女に対して意地にも来ると云って来た。彼が来れば来る程私は彼を邪《じゃ》慳《けん》にした。怒りたくない事でもわざと怒ったふりをした。

「あなたはつまらない所へ意地を張るのね。そんな事を云われてまで来る人の心が知れないわ、あなたは男でしょう。そして私だってあなたのためにどの位迷惑してるか知れないわ。いたくもない腹をさぐられて」

彼を来させないとするためには腹にない事まで云ったりした。

彼は私が怒れば怒る程気嫌《きげん》を取った。彼は日曜には昼間来た。

「部屋が穢《きた》なかったから、僕今はき出したんだよ。火も僕一人で持って来て起しといたよ」

私が上って行くと彼は私に厭な顔をさせまいとして、お世辞を云うのだった。

その後の事だった。彼はその日も昼間来た。

「今日こそ僕は君に願いがあるんだ」

暫くたつと彼は、いつもに似合わない怖い顔をしてキッとにらみ付ける様にして私の顔を見つめた。

「なに」

私は何げなさそうに云った。

「聞いて呉れるか」

と彼はまた云った。

「事によっては、……」

私がそう云うと彼は服の内ポケットの中へ手を入れた。何だろうと思って見ていると、空色の紙に包んである薬を二包《ふたつつみ》出した。

「さあ、これを僕と一緒に飲んで呉れ」

彼はますます恐ろしい顔をして、その薬の様なものを一つ私に渡して云った。

彼にそう云われて、そのあやしい得体の知れない薬を受取った私は少なからず驚いてしまった。彼は何の為に、またどうして私にこんな事を云うのだろう。私は不思議に思った。そして強《し》いて落付《おちつ》いた様な態度を見せて聞いた。

「なんの薬」

「なんの薬だっていいじゃないか。飲めば分る」

彼は怒った様な口調で云った。

私はその変な紙包みを見つめながら考えた。

私は今迄彼が来る度におそらく気嫌よく待遇した事はなかった。かえって彼を侮辱する様な事ばかり云ったりしたりしていた。それでも彼はひるまず来ていたが、前からこんな事をするつもりがあったので来ていたのかしら、そうして無理心中でも……こんな事を考えるとなんだか怖い様な気がしてならなかった。

彼は依然として私を見つめていた。

しかし若《も》しもの事があったら、飽くまで彼に反抗してやろう。そう度胸がきまってしまうと恐ろしくも怖くもなくなってしまった。

そして冗談にまぎらしてしまおうと思って、

「これ、なんの薬だか開けて見ていいでしょう。でなけりゃ妾飲まないわ」

そう云って、紙包を開こうとした。

「いかん、いかん」

彼はあわてて私の手からそれを奪った。

「だってなんの薬だか分らないんですもの。妾、こんな物を飲んで死んでしまったら大変だわ。またあなたと一緒に飲む必要がないんですもの」

私は笑いながら云った。

「そうか、よし、きっとだね」

彼は笑いもせず、そう云いながら紙包をひろげた。それは土色より少し薄い粉末だった。お腹の薬か風邪薬《かぜぐすり》だろう。そして人をおどかそうとするのだろうと思った。しかし風邪薬にしては紙が変な色をしていると思っていると、彼はいさなりそれを口の中へ入れて寝ころんでしまった。芝居だろうと思っていたが、余りに先刻《さっき》から彼が真剣らしい態度をとるので、ほんとに毒なのかしらと思うと私の心はおののき出した。

「あら」

こう叫んでいきなり外へ出ようとすると、寝ころんでいた彼は急に起き上って、障子をおさえた。

「嘘だ、嘘だ」

と云って笑い出した。

「馬鹿ね、こんな芝居をして。驚くじゃないの。冗談もいい加減になさいよ」

私はなんだか腹立しくなった。彼はなおも笑い続けて云った。

「これは僕の胃病の薬だよ」

「なんの為にそんな真似をしたの」

「一つ君を驚かしてやろうと思ってさ、こんな事でもしたら、君が驚いて、これから僕が来ても厭な顔をしたり、文句も云わなくなるだろうと思ったからさ」

「厭よ、そんな事をしたから、これから今迄より以上にいじめるから」

「よして呉れ給《たま》えよ。僕はもう沢山だよ。君僕がどんなつもりでここへ来ると思ってる？　僕はね、人間の醜さと云うものを考えないでね、君の様な綺麗な人と、ほんとうの友達として色々の話をしていたいんだ。それを来る度にあんな厭な顔をされると実際僕は厭んなってしまうよ。君これから機嫌よく僕とつき合って呉れ給えよ。ね、僕実はね、君のそのチャーミングな瞳にひかされて来たんだ。しかし、これから僕が来ても今迄通りの君だったらもう絶対に来ないよ」

そうした彼の話を聞いていた私は、初めて彼の急所をつかむ事が出来たと思った。

それから次の日曜の三時頃だった。

「×××が来たよ」

おばさんは冗談に彼の本名を呼び付けにして私を起しに来た。常の私であったら、起きるとすぐ顔を洗ったり、化粧をしたり、髪をなで付けたり、着物も着替えたりして綺麗にして行くが、今日は胸に一物《いちもつ》あったので、起されるとすぐ寝ぼけ顔して、それも寝巻のまま無理にだらしのない恰好《かっこう》をして二階へ上がろうとした。おばさん

は見ると早速、

「なんと云うなりをして行くんですか。いくらお馴染《なじみ》でもいけませんよ。ちゃんと綺麗にしていらっしゃい。どの位手間がかかりますか」

そう云ってにらんだ。私はかまわず二階へ上って行った。

「春駒さんの花魁」

おばさんは私が黙って上がって行くのを見ると、やけに大きな声でどなった。私はそんな事を耳に入れている所ではなかった。こんな恰好して行ったら、彼がどんな顔をするだろう。そうした彼の顔を想像しながら部屋へ入った。

彼は私の頭の先から足の先まで見つめていた。笑いもしないで。そしてなんとも云われない厭な顔をして暫く無言のまま見つめているばかりだった。そうした彼の様子を見ていた私はむしろ愉快でたまらなかった。

なんと思っているだろう。またなんと云い出すかしらと待っていた。

「ああがっかりした。君、なんと云う風をして僕の所へ来て呉れたんだ。んん……」

彼はそう云ったきりで、下をむいてしまった。

「ああ、ねむいねむい」

私は彼にわざと眼をこすって見せた。

「僕今日は少し気持が変だから帰る」

少し経《た》って彼はそう云って、私の方を一寸もふりむきもしないで廊下へ出た。

「あら、どうしてお帰りになるの、いいじゃありませんか」

私はそう云って彼に言葉をかけたが、彼は返事もしないで、いそいでやりて部屋の方へ行った。

「おばさん、石部さん帰るんですって、……」

私はおばさんを呼んだ。

「まあ、どうしたんですか、どうしてお帰りになるんですか。石部さん、おばさんと少しお話をしましょうよ。ね、この間から、石部さんにお話をしようと思っていた事があるんですよ。さあ、部屋へ行きましょうよ、ね」

今迄蒲団部屋で針仕事をしていたおばさんは、あわてて飛び出して来てそう云ってなだめた。が、彼はきかなかった。

「僕、今日は少し気持が悪くてね、……でも僕はこのつぎに来ますよ」

彼はそう云って、おばさんが止めるのもきかず、階段を下りようとした。

「じゃほんとにこの次に入らしって下さいね、お待ちしていますよ。そうそう石部さん、では先刻お受取りしたお金を御返ししますから、一寸待って下さい」

おばさんは彼にそう云った。

「おばさん、僕そんな金なんかいりませんよ。一度出したものだから、たとえ遊ばなくも持って帰らないよ、僕が勝手に帰るんだから……」

「でもお遊びにならないものを……」

「いいよ、いらない、いらない」

彼はそう云いながら、帰ってしまった。

ああこれでもう朋輩達にも云われる事はないと思った。

「だから、おばさんが云わない事じゃないんですよ。どうしてまたそんななりをして出たんですか、おばさんもいまにそんな事になるんだろうと思っていたんだ。あんな若い人にはなおさら綺麗にして出なければならないんですよ。先刻だって、妾があんなに止めたんじゃありませんか。年配の客と異《ちが》って、若い人には一寸でもそんななりを見せて御覧なさい。誰だって厭になるにはきまっていますよ。これからは決して今日の様な無性《ぶしよう》な真似をしてはいけませんよ」

おばさんは、私がやりて部屋へ行くと早速そう云った。

その後、彼は、それっきり影も形も見せなかった。

おばさんは、彼の事を思い出す度に私をにらんだ。

それから彼が来なくなって二月目の或夜だった。私に逢いたい人が来たから、一寸非番口迄と番頭に呼ばれたので、行って見ると見るからにきゃしゃな、そして顔の生白い二十八九の男が立っていた。

「あなたが春駒さんて方ですか」

彼は私が出て行くとすぐそう訊いた。

「え、妾春駒ですが……」

「僕、×××の兄なんです。……」

そう云う彼は、頭髪を背の所までのばし、帽子を冠《かむ》っている所などは、どう見ても画家らしかった。

なる程そう云われると、石部さんによく似ている。

「なにか御用ですか」

彼がなにか云い度いらしく、私の顔を見ているのでそう云って聞いた。

「いや、他の話でもないが……×××は君の為に満洲へ行ってしまったんだ。それがこの頃になってようやく……」

「君の為だなんて、石部さんが何処へ行こうと妾の知った事じゃありませんわ」

「だって君、そりゃ……」

私は彼の言葉も終らない内にそう云って奥へ引込んでしまった。

私は彼が、なんの為にそんな事を云いに来たのか分らなかった。ほんとに彼が満洲くんだり迄行ったのかしら、なんだか疑がわしく思われた。そして、また、私の為に満洲へ行ったとしても、どうして行ったのか解する事が出来なかった。

もっとよく、あの兄さんと云う人の話を聞けばよかった。何故、自分はあの時よく話をききもせず、また自分でも何事も云わずに引込んで終《しま》ったのだろう。私はその時の私の心持を、時々考えて見るが、分らないのである。

その当時田中さんがよく見えた。いつもおきまりの四時間の遊びで部屋に入ると、恨めしそうに部屋を一通り見廻してうなだれるのだった。

「これが力弥《りきや》の部屋だったんだな、……」

私はいつもお茶を入れたきりで火鉢の前に坐っているだけだった。けれど心は妙に窮屈だった。

「まだあれの居所は判《わか》らないかい。姉妹《きょうだい》の様《よう》にしていた春ちゃんに云わない事はないんだがな、……」

田中さんは、どうらんから煙管《きせる》を抜き取って吸い始めた。そうして田中さんはまだ私を疑ぐっているらしい。私が力弥さんの居所を知っていて明かさないでもいる様な口振りだ。が、その言葉は決してこの私を責め立てる言葉で無い事はお互に知っていた。

「田中さんは、いつも妾《わたし》が知っていて話さない様な事を仰有《おつしや》るけれど、ほんとうに知らないんですもの。疑ぐらないで下さいよ。いくら常に仲がよくっても、今度の事は別ですもの。そんな事まで妾になぞ云いませんわ。それに、妾だって田中さんから事情をお聞きしているしするから、それとなく色々の人に聞いているくらいにしているんですもの。居所さえ分ればいつでもお話しますわ。ほんとに妾、田中さんの顔を見る度に気の毒で仕方がありませんわ。今更《いまさ》らそんなお迷惑をかけて行った力弥さんがほんとに恨めしくなります」

私はこう云って慰めるより仕方なかった。


力弥さんは今年三十一で、中肉中丈《ちゆうにくちゆうぜい》で一寸《ちよつと》見るとにぎやかな顔をしているが、なんとなく凄みを帯びた眼をしている。

貧乏の家に育って、十八の歳に男に欺《だま》されて家を飛び出して今迄転々と彼方此方《かなたこなた》と歩き廻った。三十一になって初めて娼妓《しようぎ》になるに至った彼女の辛苦は話にならないと彼女自身も云っていた。

私は初見世《はつみせ》当時から面倒を見て貰っていた。

彼女の客の取扱い方は他の花魁《おいらん》などには到底真似の出来ないものであった。

先ず《ま》力弥さんは引付《ひきつけ》で客をジッと見詰める。おばさんは一生懸命ねだって、三円を五円に五円を十円の遊びにしようとしている。

「三円でいいよ。それで沢山沢山、早く、、、を入れてお呉《く》れ」

力弥さんはそう云ってまわし部屋へ連れて行く。が、奇妙な事にはまわし部屋へ入っても十分と経《た》たない内に必ず本部屋に直させてしまうのだった。

この「三円でいいよ」と云うのは最初客に好意を持たしてしまう手らしい。それで遊ぶ客か、またはけちな客かを引付でチャント見分けてしまう。その眼識は恐ろしい位だ。おばさんは力弥さんが口を出すと、今迄何《ど》んなにしゃべっていても、すぐ止《や》めてしまう。そしてまわし部屋から本部屋に直す腕には力弥さんは自信があった。それは確かだった。一度だって失敗した事はなかった。

或る日私と力弥さんと一座した時の事。客は二人共四十余りの請負師《うけおいし》だった。始め二円の一時間遊びと定《きま》って部屋へ行った。この客にはお金が有り相《そう》だと見て取った力弥さんは、

「あの客をきっとおれ（彼女は自分をおれと呼んでいた。）は本部屋へ直さして見せるから……」

私にそう云いすてて二人の部屋に行った。

「ねー親方。余り寒いから一杯飲みましょうよ。立派な旦那がさ、吉原へ来てごろ

寝なんて余り気がきかないじゃないの。ねー親方。その代り親方の方で部屋代だけ出せば妾がお酒ぐらい自腹を切りましょうよ。ね、こんな所じゃお酒も飲めない。ほんとうに家《うち》の人はしょうがないね」

そう云ってずんずん客の手を引張って部屋へ連れて行った。客は仕方がないとも云わずに後に付いて行った。力弥さんは部屋へ行くとしきりにお酒を注いだ。そして客を陶酔させ、自分も酔った振りをして大きな声で唄を唄うのだった。客がいい加減酔ったと思う頃、すっかり家内気取りをしてしまい、

「さ、もうおつもりにしましょうね。さ、母ちゃんに蟇口《がまぐち》をお寄越しよ。お勘定だよ。部屋代だよ。まあいいから寄越しな。そんなに酔っちゃ困るね」

客は酔った拍子に蟇口を力弥さんに渡してしまった。彼女は自分で蟇口を預ってしまうと、勝手に部屋代、酒代、台の物などの勘定を済せて床番《とこばん》や下新《したしん》などにもぱっぱとやった。

こんな風に初会の客でも、お金を持っていればいるだけ使わしてしまうので、大抵の客は長続きがしなかった。それでも玉《ぎょく》の上り高は三四番と云う所だった。

そうした力弥さんのやり方には朋輩達は誰も不思議がっている。

花魁は客に、、を許す事が何より苦痛なのだ。だから一人でも多くそうした事を免れようと苦心しているが、お金を取った以上は何うしても、、、、、きかな

い訳にはいかない。

それでも力弥さんは奇妙な事にはこんな事は何でもない様に思っている。第一若い客などは自分の子供の様に扱い、頭から坊や坊やなどと坊や呼ばわりをするので客の方ではきまり悪がって、てんで手を出す事が出来なくなる。

或る時、弥生《やよい》さんのお連れ初会に力弥さんが出た事があった。その時は若い人達ばかりだった。力弥さんの客は始めなんとも云わなかったが、部屋へ行って暫《しばら》くすると弥生さんの客の所に来て、

「あの女は厭だ、……」と云い出した。

「婆《ばばあ》だから？[redacted]

[redacted]」

弥生さんの客はそう云って訊いたが彼は煮えない様を返事をしていた。

しかし花魁は常に力弥さんの若い客の扱い方をよく知っていたので客にその事を話した。

弥生さんの客は始めて分ったらしく、

「じゃ、、、、、、だろう？」

「うむ」

その客はきまり悪げに横を向いてしまった。それで仕方なしにおばさんに話して

他の花魁と替えてやっと納めた事があった。

そんな風に、、を触れさせない様にするのが力弥さんは上手だった。

しかしこうした事をするのは若い人にばかりではなかった。多くの年配の客を取っていても、力弥さんが、、、、、、、、、はほんの数える程しかなかった。いつも朋輩達は不思議に思って、常に力弥さんの客に対しての態度などを注意していた。が、力弥さんと同じ部屋に居た私でさえも到頭分らずにしまった。そして力弥さんが、、、、、、、一寸部屋に用があって声をかけるといつでも「お入り」と云わない時はなかった。

「なあに、こんな商売でも上手にやれば、いくらでも、、、、、、楽に客を取る事が出来るんだから、……」

と訳もなさそうに云っていた。「、、、、、」なんて一度も云わなかった。

こんな風なので若い客はつかなかった。それでも通人《つうじん》とか、酒飲みとか云った様な客がかなり引っかかった。唄も流行唄《はやりうた》と云った様なものが甘《うま》かった。三味も都々逸《どどいつ》くらいは弾けた。

力弥さんは永い間或る魔窟にいた。そうして第一に、行った先の主人と関係を結び、最後には大金を捲《ま》き上げてしまう。そうした事が力弥さんには常習の様であった。それなのでひと所に何時《いつ》までも居る事は出来なかった。何処《どこ》へ行っても一ヶ月と経たない内に借金を踏み倒して出てしまう様なやり方だった。また捲き上げるばかりではなく、もっと酷《ひど》いのになると力弥さんは料理屋三軒もつぶしてしまったそうである。いつも口ぐせの様に、

「金持からはどんどんふんだくれ」

と云っている。そして力弥さんはあらゆる金持、男は敵の様に思っている。

然《しか》し力弥さんは、何でも金持からは捲上げてしまうと云う様なやり方をしている人ではあるが、そうかと云って、そうしたお金で着物を作ったり、贅沢をすると云うのではなかった。困っている人にやったり、みんなにぱっぱとやってしまうのだった。

いつかしら斯《こ》んな事があった。丁度玉割《ちょうどぎょくわり》の晩私は何か用があって力弥さんの所に客があったが入って行った。

「どうだい借金なしが出来たかい」

客の前でいきなりそう聞いた。

「相変らず、駄目よ」

私は客の前をはばかってそれっきりしか云わなかった。いきなり立った力弥さんは客の洋服のポケットから蟇口を取り出して私に三円渡した。

「お客様が下すったのだから無駄使いしちゃ駄目だよ。それだけでも借金の足《たし》におしよ」

と云って客に何か云っていた。客は笑って私の後《うしろ》を見送っていた。力弥さんは客が帰った後になって、

「先刻《さっき》のお金で花かけでも何でもお買い。借金なしなんかする事はないよ。廓《なか》の商売人なんかみんな悪銭《あくぜに》を取って儲ているんだから返す事はないよ」

そう云って平気な顔をしている。それで楼中の人達からは、

「力弥さんの様な人はないわ。あの人は稼業上では吉原中で第一の花魁だね。これで昔の花魁の様に色々芸が出来れば、昔の揚巻《あげまき》だ高尾《たかお》だ何だかだのと云ったって、力弥さんにはかなわないだろうね」

といつも云われていた。


田中さんは力弥さんの深い馴染客《なじみきゃく》であった。大抵一日おき位に来ていた。私はいつも玉を付けて貰って力弥さんの部屋に遊びに行っていた。

年はもう四十五六位の年配の人で、何でも国は静岡県だそうだ。そして芝の或る材木屋に勤めている。この人は早くから妻に別れて一人で暮していた。

田中さんの話によると、力弥さんの為には随分お金を使い込んだらしい。三ヶ月たらずも入院していたが、その費用は皆、田中さんが払っていたのだそうだ。

力弥さんは一方こんな男をあやつり乍《なが》ら、他方また彼女らしい仕事をしていた。

私が初見世当時の事だった。力弥さんはその時まだ見世に出ないで遊んでいた。その頃揚屋町《あげやまち》に支店を出している、ここの主人の息子が毎日の様に来ていた。力弥さんが始めてここの楼《うち》に来た三日目であった。この時も丁度支店の人は来ていた。力弥さんは番頭に敷島を三つ買いにやって、二つをその男に出した。その時の態度を見た私はただ者でないと気付いた。

だんだん日が経つに従がって力弥さんは毎日の様に下新を連れて外出した。そうした時に限ってまた支店の息子もここの見世には顔を見せなかった。

或る朝、私が部屋の掃除をしていると下新が入って来た。私はこの下新だけは知っているに違いないと思ったので、それとなく謎をかけてその糸口をたぐり始めた。下新は私が何でも知ってると思ってか、始めてその秘密をすっかり話した。

それによると、何時も外出しては宿屋とか待合《まちあい》へ行って二人で逢っていたのだった。

間もなく力弥さんはお見世へ出る様になった。それからの私は毎日その息子にやるべき手紙を書かせられた。息子からも下新を通じて日に何度となく手紙が届いた。男の方はかなり猛烈らしかった。いつかは他の花魁達の耳にも入る様になった。

「罪だわね。お内儀《かみ》さんのあるものを。支店のお内儀さんは毎日泣いているんだって、……この頃は少しも家へは帰らないって、……支店の旦那も旦那じゃないの。あんな女にね。旦那の方が力弥さんに夢中なんだってさ、……」

こんな噂が朋輩《ほうばい》達の口からも度々もれて来た。

見世に出てからの力弥さんは体の悪いために休む方が多かった。息子は毎日の様に来ては話して帰った。そうして小遣も皆、息子から取っていた。

それから二ヶ月程経って力弥さんは体が悪いから少し他へ静養に行くと云ってここから出てしまった。それからは暫く何の消息も聞かなかったが、支店の息子に千円位の借金の全部を払わせて廃業したのだった。


力弥さんはそうして出る時にも田中さんには何の話もしなかった。逃げられた田中さんはしきりに力弥さんの居所を探している。

そうして田中さんはいつも居所を知らせて呉れと来るが、ここを出てからの力弥さんからはお便り一度来ないので知ろう筈《はず》はない。男に惚れる人でない力弥さんの心を知っていた私はほんとうに田中さんに気の毒でならない。

常に元気のない田中さんは力弥さんに去られてからと云うものは一層ぼんやりして見えた。

「欺されたら欺されたでいいさ。だが、あの金の前に対しても済まないからなあ。

……」

そう云っては力なさそうにうなだれているのを見ると私は堪《たま》らなく可哀そうになって来る。

「今頃何処にいやがるか、忌々しい奴だ。いまに探し出さずにいるものか――」

そう云っては口惜《くや》しがっていた。おばさんはいつも田中さんが、、、、、考え込んでいるのを見ると不思議そうな顔をして、

「、、、、、、、、、、、」

そう云い捨てて行ってしまう。

「春ちゃんの様なそんな子供を相手にしたって仕方がない」

と云っては、田中さんは物憂そうに淋しい笑顔をつくるのだった。こうしては来る度に考えあぐんだ憂鬱な顔付をして帰えるのだった。

私はこうした田中さんを何《ど》うして慰めてよいか慰めるすべもなかった。私は力弥さんの居所を何とかして探しあてて今すぐにでも知らせて上げたい様な心で一杯になった。が一方彼女の事を思うとどうにもならなかった。

その後力弥さんはその楼主とも綺麗に手を切って、今では或る待合の女将《おかみ》で納まっているそうである。

## 娼妓の出世

私が吉原病院に入院していた時の事だった。

ある日の午後、私は私の第一の楽園たる屋上に上って物思いにふけっていた。そこへ、千住遊廓《せんじゆゆうかく》の千鳥《ちどり》さんが上って来た。

千住遊廓の人達は吉原の花魁《おいらん》達から侮蔑されている。それは何故かというに、食堂でいやしい事をするからだと云われているが、また、宿場女郎《しゆくばじょろう》*だという意識もあるからだろう。吉原と千住とどれだけの差があろうか。同じ娼妓《しょうぎ》であるのに。

「妾《わたし》は女郎ではありませんよ。花魁ですよ」

と格式ばった事を云っていた娼妓もあった。――

花魁と女郎との差で、優越感を持つ吉原の彼女達に対して反感を持っていた私は、寧《むし》ろ反抗的に千住の人達と心安くしていた。

「ねえ、千鳥さん、どうですか、お加減は。随分お長いようですから、苦しいでしょうね」

私は千鳥さんに馴々《なれなれ》しく話しかけた。

鉛のように蒼白く、そして面《おも》やつれた顔は彼女の今迄の辛苦を物語っている。無造作に巻き上げた髪のくずれかかっているにも気がつかないらしい。垢光っている木綿のどてらからは気持の悪い臭《におい》が鼻をつく。

「え、有難う。少しはいいようですけど、でもどこからどこまで悪いから、当分出られないと諦めているの。もうこの病院で死ぬんだと覚悟してね……」

千鳥さんはそう云ったかと思うと、深い嘆息《ためいき》を吐いた。

「そんな事なんか……すぐ治りますよ。……」

こう慰めるつもりで云ったけれど、決して慰めにはならなかった。千鳥さんのやせた頬に涙が流れていた。

「長金花《ちょうきんか》さん、あんた出るのは間もないでしょうから、出たら、お願いがあるんですけれど……」

千鳥さんは涙を押し隠すようにうつむいた。

「なあに、なんでも私に出来るものなら」

私はせき込んで尋ねた。この可哀想な人の為に働く喜びを感じながら。

「吉原の梅吉楼の都《みやこ》さんと梅竜《うめりゅう》さんにね。電話ででもお礼を云って頂き度《た》いの。大変お世話様になりましたってね。死んでも忘れませんて……」

彼女はここまで云って泣き伏してしまった。

「ね、千鳥さん、泣かないでね、私よく云って上るからね、なんでも……」

こみ上げて来る涙を押えながら、私は彼女のやせた肩に手をかけた。

×　　×　　×　　×

彼女は茨城県の一漁村の貧しい家に生れた。こんな田舎にくすぶっていたってよい事もない。こんな貧乏家では嫁の貰い手もない。一そ東京へ出て女中奉公でもと思って上京したのだった。彼女はそれから日本橋の或る商家の女中となって働いて、毎月少し宛《ずつ》の金を親元へ送っていた。丁度《ちょうど》上京して一年半ばかり経《た》ったとき、田舎の弟がある大病にかかって、水戸の医者は手術しなければならない、それには入院しなければならないと云うからと、親から相談の手紙が来た。

彼女は色々思案した末、その事情をよく話して、その主人に奉公の前借《ぜんしゃく》を頼んだ。その商店は誰知らぬ人のない有名な、そして金持だった。けれど、聴いては呉《く》れなかった。どうして貸して呉れないのだろう。と彼女は不思議がった。彼女の姉は、田舎の地主に一年の年期で二十円を借りて下女になった事があった。東京ではそうした事をしないのかしら。こんなに大きな家で、幾十人も使っている金持が。けれども彼女は田舎へ帰って地主の下女になる気にはなれなかった。彼女は、彼女の姉が地主の下女奉公をしていた模様を思い出した。

朝は夜中の二時頃に起され、夜は十時頃までこき使われる。御飯は麦七分米三分で、おかずは漁村でありながら、魚の臭をかぐのは数える位しかない。休みは正月と盆とで二日きり。それも仕事は朝御飯迄山へ木をとりに、帰って来ると田畑に出る。牛馬のような酷《ひど》い労働なのだ。

「うーむ、よく来たなあ、丁度いい。昨日、秋刀魚《さんま》があってな。お前に喰べらせてあと思っていた。さ、うんと喰べろよ。なんだあ、あの、山本さま（姉の行って居た地主）であ、秋刀魚も喰べらせないのか、この安いのに。お前をそんなに働かせて済まないがな。我慢してくっちょよ。その内によし（彼女の事）も大きくなっからな。もっと喰べろよ。なんぼか甘《うま》かっぺな」

彼女の姉がある日、用達のついでに家《うち》に寄ったので、彼女の母は大喜びに姉に話すのだった。母は涙を拭きふき、鼻声になって、秋刀魚を焼いていた。

そうした事を忘れない千鳥さんは今更田舎へ帰ってそうした働きも出来なかった。一年半の都会生活に馴れた彼女としてそれは当然の事だった。

それで自分が初め世話になった口入屋《くちいれや》へ行って相談して見た。

「そりゃお前さん、東京ではそんな前貸しする家なんか有りませんよ、普通の家では。けれど物は相談だがね。よい所があるんですよ。そこは田舎ですがね。宿屋なんですよ。そこへ行けば五十や百は貸りられますが」

彼女は、うっかりその口車に乗って、熊谷《くまがや》のある料理店の酌婦《しゃくふ》*に住み込む事になった。

酌婦から洲崎《すさき》の娼妓になるまでは、彼女も随分苦労したのだった。

「なにしろ、弟は半年も入院していましたしね、その掛《かか》りだって大変でね、一年ばかりの内に三百円になっちゃったの。仲々ぬけるもんじゃないんですよ。その内に身請《みうけ》するっていう人がいたんですけれどね、それが嘘で、そう云っては妾をだまかして、随分絞られたの。で借金はだんだんふえるし、いっその事という気になっちゃったんだけれど……今考えりゃ、妾も馬鹿《ばか》だったんだわ」

吐き出すようにこう云って、また話し続けた。

「よい塩梅《あんばい》に売れてね、浅ましい稼業だとは云うものの、どうせこうなった身だ、うんと稼いで一日も早く足を洗おうと思ったわ、そのうらに、洲崎病院に入院したの。こしけ*で取られてね、三週間もかかって、いざ退院というときに、あの先生の奴が、がん器*で子宮に傷をつけちゃったの。それから二ケ月もかかったのよ。所《ところ》がそのときよ、あの大震災！」

「そのときどうしたの」

私は洲崎も吉原も震災のときは娼妓達が酷い目に逢ったという事を聞いていたので、無意識に膝を乗り出した。

「え、まあ聴いて頂戴《ちょうだい》。酷い目に逢ってね、死に目ってあの事でしょうね。あのときぐらぐらしたんでしょう。ビックリして飛び出したの。そのときの騒ぎってなかったわね。先生も看護婦もおばさんも病人なんかおっぽり出して飛び出したんだからね。横根《よこね》*切った人や重くて起きられない人なんか、×××のようになって、出られないで怒鳴っていたのよ。妾の知ってる人もいたから出そうと思ったけど、入ろうと思うとぐらぐらぐらとするんでしょう。その内に向うからもこっちからも火が起きて、逃げようと思っても、病院では楼主の預り者だからって出さないの。その内に火はだんだん迫って来たので、見張していた奴等が真先に逃げ出したのさ。妾はどこか逃げ口を見附けようとしたけれど、もうすっかり火が廻っちゃってね、逃げる処《どころ》か、身の置き場所が無くなっちゃったの。熱くて、熱くてね、夢中だったわ。仕方がないから海へ飛び込んだの。幾度も前に死のうと思って飛び込もうとしたけど、出来なかったのに、助かろうと飛び込んだんだからね。それでも妾《わた》しゃ、浜育ちだから泳げたでしょう。よかったわね。そこへ丁度木の板が流れて来たもんだから、縋《すが》って、そりゃ一生懸命で、助けて呉れってどなっていたの。けどもう駄目だと思ってよ、所が、『大丈夫だ、大丈夫だ、今助けてやるから』というんじゃないの。

見ると印半《しるしはん》てんを着た人が、泳いで大きな材木を持って来て、これにすがっていろって云うのよ。そして火の粉が飛んで来たら水に首をつっ込めって云い乍《なが》ら、その人も一緒にいて呉れたの、妾の側《そば》に。そして、『心配ないよ、すぐ消えるから、落《お》付《つ》いていろ』と云って呉れるもんだから、少しは安心したものの、どうなるかと、生きた心持《こころもち》が無かったわ。そして下火になったとき、陸へ引張り上げて呉れたけれど、もう半分気が遠くなっちゃったの。その人はしっかりしろ、しっかりしろって、妾を背負って、洲崎の東の千葉県の方へ避難して呉れたのよ。そこの百姓家に三日厄介になって、それから、妾は田舎へ帰ったの」

「どうしたの、その職人の人は」

「親切な人もあればあるもんでね、その人はそこに一晩宿《と》まって行ってしまったの。妾の命の恩人だから所を教えて下さいと云っても、『俺あ、恩返しされようと助けたんじゃねえ、俺はまだ用があるから、帰るから、達者で暮しな』

そう云って、ツウツウ帰っちゃったの。妾ほんとうにありがたくってね。神様だと今でも思っているのよ」

彼女は思い出してその人に感謝しているらしかった。そして、

「妾、思ったわ。労働者とか、職人とかを皆んなは軽蔑しているけど――妾だって

そうだったけど――職人位親切なものはありませんよ。すっかり考えちゃったの」

こう云って、千鳥さんは一寸《ちよつと》もじもじしていたが、懐《ふところ》から、バットを出した。それは吸い残りの二三分位のものだった。

「一寸ご免なさいね」

千鳥さんは病院の建築の仕事をしている職人の所へ火を附けに行った。そこには五六人、晴々しい声で歌を唄いながら仕事をしている。

私はまた涙ぐましい気持になった。千鳥さんはニコニコしながら帰って来た。

「ねえ、長金花さん、御内所《ごないしよ》でこの頃チットも小遣を送って呉れないものだから……煙草も吸われないで……」

お人好さそうな彼女はこれ程までにされても恨みもしないらしい。惜しそうに吸っていたがまた話し初めた。

漸《ようや》くの思いで、故郷へ帰ったけれど、「娼妓」という極印《ごくいん》があるので、永くは留《と》まる事はできなかった。それで仕方なく、故郷から十里ばかりある従弟《いとこ》の所に落ち着いた。が病気のときにあの生死の境をうろついたため、間もなく重態になってしまった。従弟の家ではすぐ医者にかけて看病した。けれども矢張り貧乏であったので、楼主に医療代を請求した。が返事はなかった。暫《しばら》く過ぎてから、

「金はこっちのもの、体はお前の方のものだから借金をすぐ送れ」といって寄越し

た。勿論《もちろん》従弟は借金を払う余裕はなかった。そうこうしている内に、洲崎ではまた、焼跡にバラックを建てて稼業を初める事になった。それで楼主は三百円を医療代として従弟にやって、千鳥さんを引き取った。そして千鳥さんは再び花魁となった。間もなく、千住遊廓に七百円で住《す》み替《かえ》をしたのだった。

「そのおやじがね、また酷いんだから。妾が行く匆々《そうそう》、『なあんだ、人を馬鹿にしていらあ、七百両にこんな玉《たま》なんか寄越しやがって……』ってこう怒鳴るんですからね。え、人前もなにもあったもんじゃないの。え、ほんとうに妾達は品物ですわね」

　彼女の面《かお》には怒りが現れた。

「酷いのね、なんて馬鹿にしているんでしょう。それでなんですか、人遣いはどうなの……」

「それがね、長金花さん、夏なんか御飯がすえて、黄色くどろどろになったようなものばかり喰べらせるのよ。しゃもじで茶碗によそる事なんか出来やしないの。おかずなんかもありゃしないしね。そりゃ酷いの。それもよいけど、客を取らない時なんかは、寝かせないのよ。『お茶《ちゃ》っ引《びき》』*なんて怒鳴ってね。何処《どこ》もそうでしょうけど、着物も高く売り付けるのよ。一度なんかガス銘仙《めいせん》の羽織と袷《あわせ》で四十円と付けて置いたの。そして娼妓の玉《ぎょく》をごまかしているの。妾しゃ、字が読めないから、いちいち云う訳にはゆかないから困るのよ。こんな事があったわ。警察に泥棒が上ったんだって。そしたらその泥棒が楼《うち》の客で妾を買って遊んだって云ったんだって。それで刑事が来て調べたら、玉が付いてない事が分ったのよ。こんな始末だもの、何時《いつ》も何してるか分りゃしないわ。それから、友達に頼んでいちいち玉帳を調べて貰おうとしたんだけど、見せないの。そして、『そんな生意気なあまは住替させる』ってどなるんでしょう。え、住替とも考えたんですけれどね。だんだん借金が増えるばかりだし、なにしろ、今こんな身《からだ》だし、それにどこへ行ったって同じですしね。なあに、こうして死ぬんだと諦めてしまっているのよ。こんな身《み》になって足かけ八年になるけれど、それで三百円借金が増える始末なんだもの。え、今借金は千円あるの。初め七百円で身を沈めたんですもの。だから三四十年もやったら、うんと借金が増えるから、そしたらおやじの奴に、うんと損をかけてやられると思って我慢しましょうよ」

「まあ酷い事。そして何日《いつ》から入院しているんですか」

「もう一年半病院の南京米《なんきんまい》喰べてるのよ。妾、よく覚えているわ。昨年の二月十一日に入ったの。そして暮になっても出られそうもなかったのだけど、副院長さんがね、大変同情して下さって、大晦日の日に、『お前も気の毒だから、正月の間だけでも稼げ』って駒《こま》を付けて呉れたの。嬉しかったのよ。長金花さん、あんな嬉しかった事はなかったわ。ほんとうに意地悪先生の中で、あんな先生が居ると思えばね……けれどもどうせ悪い体なんでしょう。正月十四日の検査にまた取られたの。それで四月二十七日に出されたので、喜んで出たけど、却って酷い目に逢ってね。退院のとき先生に、『見世へ出ちゃ駄目だから、おやじに先生に云われたと云ってね。ませて貰えよ、決して出るなよ』と云われたものだから、御内所にそう話すとこう云うんですよ、あのおやじの奴がね、『なに、休ませろって、そんな馬鹿な事があるかい、先生はよくならなけりゃ出さないんだ、そんな嘘をついて怠ける算段で、ずるいあまだ。今迄偉い損をかけたんだから、今夜から出ろ』と云うのよ。妾よく云ったんだけれど承知して呉れないの。妾、仕方ないから、出たわ、氷袋を腹に抱えて客を取ったの。死の苦しみよ。え、病気はね、子宮痙攣《けいれん》と、子宮内膜炎だったの。そして十日もそんな苦しみをして次の検査にまた入って来たんですもの。もう出られないと覚悟しちゃっているけど、妾位、不運のものはありゃしませんよ。それに、御内所では、初めの頃は月に一円か二円位ずつは小遣も貸して呉れたけど、この頃はチットも呉れないから、ほんとうに困っているんですよ。お馴染《なじみ》でもあれば、まだいいのだけど、こうして乞食みたいななりをしていて、随分皆さんからも笑われているだろうと思っていますけれど……」

彼女は我と我が身を嘲《あざけ》るように云うのだった。

「ほんとうに苦労なすったわね。お気の毒ね。けれど悪い事ばかりもありませんわ。あんまり悲観しないでね……それでなんですか、さっきお話の梅吉楼の方へお礼って云うのは……」

「あ、そうだったわね。妾お願いも忘れて、すっかり話しちゃって……」とまた話し初めた。

千鳥さんは下《しも》の病気で入院したのだけれど、脚気《かっけ》が起って、ひどく苦しんでいたそうだが、病院の医者は少しも診て呉れなかったそうだ。足はふとくなるし、胸の動悸が高く、だんだん苦しさが増して来た。彼女はもうこれで命を取られるんだと思っていた。そのとき、吉原の梅吉楼の都さんに梅竜さんが、助けて呉れたのだそうだ。小豆の煮たのや、蕎麦粉を毎日毎日隠れて入れて、彼女に喰べさせたのだそうだ。小遣銭も少しずつ添えて二ヶ月ばかり、こうして世話をして呉れたのだそうだ。

「そのお庇《かげ》で、こんなによくなったの。妾、一生忘れないの。都さんに、梅竜さんをね。死んでも忘れないわ。妾は、もうしゃばに出られないと諦めているの。出たってあんな酷い目に逢わされる位なら、よっぽど出ない方がいいわ」

彼女がこう云った時、ふせた眼から涙がポロリと落ちた。私はそのいじらしい姿をまともに見る事が出来なかった。

「おう、この千鳥さんの姿、これは私のやがていつかはなるべき姿そのものだ、自分は身を落してから間もない、体も丈夫だ。年も若いから客も付くけれど——いつかはこの千鳥さんの姿と寸分異《ちが》わない姿を見出すであろう。娼妓の出世と行きつく所、それはこの千鳥さんの姿そのものであらねばならない。おう、私も、私も、……」

私は身震いした。

いつしか世はやみの世界になっていた。罪悪の本家だと云わんばかりに吉原は、昼をあざむくばかりの明るさを示し初めた。

「ねえ、千鳥さん、寒くなったから部屋へ入りましょうよ、あんたばかりが不仕合《ふしあわ》せじゃないんですもの。みんな、誰もかも、ここにいる人達は不運なんですからね……」

私はあらゆる努力をしても、それだけしか云う事が出来なかった。

# 女の花魁買い

宵の七時頃、芸者を二人連れて上った客があった。

「誰の馴染《なじみ》かしら」

「いや初会かも知れない、見た事はない様《よう》な人だったもの」

こう花魁《おいらん》達の口からもれ始めた。おばさんは下へ下りて来て、

「御順《ごじゆん》で入《い》らっしゃい」と云った。夕霧《ゆうぎり》さんと小染《こそめ》さんと私は引付《ひきつけ》へ行った。見ると家《うち》で取付けの呉服屋の番頭だった。

「や、今晩は。毎度有難う。しかし今晩は私の方がお客になって来たんですから、そのつもりで……」

と客は何処《どこ》で飲んで来たのか、てれた様な恰好《かっこう》をして云った。私達も意外に思って三人は顔を見合せて笑った。間もなくお酒と台の物がはこばれた。

「もう沢山飲んで来たんですから、そんなに上がらなくもいいでしょう、兄さん」と私の出た年増の芸者は云った。約一時間位飲んだり、騒いだりすると、夕霧さんと客は部屋へ行った。芸者達も銘々部屋へ行って、上りでも飲みましょうと云ったが、もうすぐ帰るのだからと云って、残された四人はそのまま引付で話をしていた。

「ここの父さん、分って、……」

突然私の芸者は聞いた。私は父さんだなんて、おかしな事を云うと思っていると、

「父さんて、家の旦那の事よ」

と小染さんが横から口を入れた。

「あ、まだ知らないのね」とその芸者は今度は小染さんに話しかけた。

「家の母さんは、ここにお針さんしていたんですってね。若いけれど中々しっかりしてるわよ」

「若い母さんね」と小染さんは笑った。

「え、妾《わたし》より五つも年下ですけれど、でも、一戸の主人ですからね」

と芸者は頻《しき》りに雄弁をふるい出した。その話によるとこうだった。

芸者が云う母さんと云うのは、私がここへ来た当時帳場に坐っていた、若いお針さんと云われていた人だった。私が来た時から、旦那と、お針さんとの関係を花魁

達は噂にしていたが、それから五六ヶ月位経つと、お針さんは胃腸病だと云って毎日寝たり起たりしていた。花魁達は皆、つわりだと云って騒いだ。そして余り噂が高いので、旦那は、病気だから国へ帰すと云う口実で間もなくお針さんを一時何処かに静養さしたのだった。ここから出る時のお針さんのお腹は誰の目から見ても分る位大きかった。そして、お針さんは今、この芸者達の主人となって、浅草公園の近くへ芸者屋を営んでいるそうである。そうした話を今ここで聞いた私は、この芸者達と同じ主人を持ってるのだと云う事が始めて分った。そして旦那が毎晩出かけて、いつも二時過ぎに帰って来るのは、この芸者屋へ行くのだと云う事も分った。

また芸者は云った。

「それにね、母さんも可哀そうなのよ。父さんがあれでしょう。働いたお金は一文だって母さんに持たせないでね。それこそぎりぎりの小遣だけですもの。だから、この頃は妾にくどいてばかりいるのよ。つまらないってね。だけど、子供があるばっかりに我慢しているんだって。ここにいる時もね、親の方で心配して手紙をよこしたのですって。帰って来いって。だけどその時にはもう妊娠していたんですって。今になって、あの時国へ帰れば、たとえ子供が出来ても、一人位何《ど》うにでもなったのにって云うのよ。だから妾、いつでも母さんに云ってやるんですの。『母さんもまだ若いんだし、何一つ楽しみもないわからずやの人を持って考えてばかりいないで飛び出しちゃったら何う』ってね。妾こう云う人間でしょう、がみがみ云うんですの。……だけど花魁、ここの旦那の悪口を云うんじゃないけれど、いくら妾《めかけ》でもあんな人の妾になりたくないわね。あんな人なら一層の事持たない方がましよ花魁」

こう云い終った年増の芸者は一寸《ちょっと》腕時計を見て、

「じゃこれで失礼しますわ。すっかりおしゃべりしてしまって……」

「姉さん、兄さんは……」先刻《さっき》から黙って話を聞いていた小染さんが出た若い芸者は云った。

「行く所が分っているんだからいいわ。じゃ花魁またお近い内に……」

二人の芸者は帰ってしまった。張《は》り見世《みせ》へ入ると小染さんは、

「寝ないで、玉《ぎょく》もうけ*してとくしたわね。斯《こ》んな事は度々あってもいいね」

と笑って喜んでいた。

女を連れて上ったと云えば、前にも一度斯んな事があった。上った客は夫婦連れだった。その時け私と照葉《てるは》さんだった。やっぱり私は女の方へ出た。二人共多少酒気をおびているらしかった。おばさんが引付へ入って来ると、私の客は女だけに細々《こまごま》と挨拶をのべた。

「では、何う云うお遊びにいたしましょうか。こちらはすぐ御帰りになるんです

か」

　おばさんはその女客に訊いた。

「いいえ、妾も来るからには始めから勿論《もちろん》妾の方のお金も払うつもりで、花魁方にも来ていただいた様な訳ですから、何《ど》うぞ。それで、ここの遊《あそび》では何ですか、二三時間遊んで行ったら如何程《いかほど》ですか」

　女は割合に物の分っているらしい口っぷりだった。

「普通、一時間二円になって居ります。そうしますと、遊興税《ゆうきょうぜい》共にお一人前五円頂きますと、お時間もゆっくりでよろしいんですが」

　とおばさんは、いつもより丁寧な口っぷりで云った。

「あ、そうですか。じゃこれを何うぞ」

　女は三つ折の財布から十円紙幣をだして茶餉台《ちゃぶだい》の上においた。そばにいた照葉さんの客は、笑って私の客に何でもまかせたと云った様な顔して、黙って皆んなのする事を見ていた。

「何うも有難うございます。ではすぐおしけを入れさせますから、少々……」

　とおばさんは金を持って出て行った。とすぐお客はお互に顔を見合せて笑った。

　間もなく、

「おしけが入りました。十二番と十五番へ」

と下新《したしん》が云って来た。照葉さんは女の客の前に対してか、行きましょう、と云う事も出来ないらしく、まごまごしていた。客も何となく遠慮がちに苦笑しながら、

「まあ、いいさ」

と云って立とうともしない。女は察したらしく、

「何も妾と一緒に来たからって、そう遠慮しなくもいいじゃありませんか。花魁方にも気の毒ですから、まあ、ゆっくり向うへ行って話していらっしゃいよ。妾はここで話をして待っていますから、さ、早く、……ぐずぐずしていると、時間が立つばっかりですよ。さ」

照葉さんの客は女にこう云われると、

「じゃ便所へ行って来て。……」

と云い乍《なが》ら、照葉さんと出て行った。後になって、女は袂《たもと》から敷島を出して吸いながら私に話しかけた。

「今お忙がしいですか、だけど、何でしょうね花魁。妾の様に女でこんな所へ来る人がありますか、……」

「え、素人はほとんどないと云っていいでしょうね」

「そうでしょうね」

女は気がよさそうに笑って口軽にペラペラとしゃべり始めた。

「実はね、妾もこんな所は始めてなんですよ。所《ところ》が今夜、一杯飲んでしまいましてね。良人《うち》が、何うだい今夜は一つ女郎買《じょろうかい》に行こうじゃないかって冗談に云ったんですよ。妾も一寸考えましてね。よく皆んなが吉原吉原って云うけれど一体何《ど》んな所だろう。いつかは一度行って見ようかしらなんて好奇心も前からあったんですよ。妾も丁度良人が云い出したもんですから、それもよかろうって来た訳なんですよ。妾も斯んな所へ来るからって、やきもちをやいたり、ぶったり、たたいたりして騒ぐなんて事は大嫌いなんですよ。人間は何でも理解し合わなければ駄目ですね。ですから妾は、芸者買いしようが、何しようが、そう云う人達と一緒になって騒ぐ方なんですからね、ですから自分でもこう云う事には割合に分ってるつもりなんですよ」

と女は漢語まじりで私に話した。私は、こうした人馴れた口のききっぷりから、始めからの態度などで、この人もきっと何か商売人だったのだろうと直感された。そして、やりて婆さんの使い方、お客は一晩に何人位取るかとか、布団は何んな物で何んな柄だ、いくらは何んな布団だ。おもに何んな人が来るか、洗滌《せんじょう》は何んな事をしてやるとか、髪はいつもきまってそんな風に結ってるか、花魁はどんな風に借金を返すか、着物は主人の方でこしらえるか、などと、女だけに色々くわしく聞いた。帰りがけに女は内証だと云って二円私に置いて行った。

# 吉原病院

今日は検査日だ。私達はいつもより早く客を帰してしまうと、朝湯に入り、それからすっかり仕度を済ませてから、例の通り町の医者（外来と云って吉原には四軒ある）へ行った。

この四軒の医者は、吉原中の娼妓《しょうぎ》が病院へ検査をうけに行く前に必ず診て貰う所で、直接楼《ろう》から病院へ行くものは一人もない。

私達が外来へ来ると、先生は局部のこしけをがん器で絞って掃除をして呉《く》れる。これはよくも悪くも一寸《ちょっと》でもこしけが子宮の口から出ていれば入院させられるからである。また、子宮が病気の為赤くなっていると、「色ざまし」の薬をつけて呉れる。

「今日は駄目だろう。入院すると思わなければならない」

先生は私にこう云った。

こうして外来の先生に見て貰った私は他の朋輩《ほうばい》達と水薬《すいやく》で濡らした脱脂綿を油紙で包んで貰って、それを持って病院へ行った。

他の楼の花魁《おいらん》達も私達と同じ様に医者で貰って来た濡れ綿《わた》で、あっちへ一かたまりこっちへ一かたまりして一生懸命局部を掃除する。病院にはそうして汚れた綿を捨てる大きな甕《かめ》が三つ四つあって、皆そのそばへよって掃除をするのである。しかし病院ではこうした事を大目に見ている。

やがて私の番になったので台に乗った。案の定入院する事になった。傷のためだった。

私は誰よりも早く帰って来た。

「仕方がない、早く治して帰っていらっしゃい」

おばさんは顔をしかめてそう云った。

千代駒《ちよこま》さんが真先に私の部屋へ来て病院へ持って行く物を風呂敷へ包んで呉れた。

「病院へ行けば、なんにも喰べられないから」

と千代駒さんは親子を取って呉れた。彼女は泣いていた。

「なんでも不自由なものがあったら、手紙で云って寄越しなさいね」

「じゃ明後日《あさって》面会に行くからね」

朋輩達や小母さんがそう云って声をかけた。

と同時に俥《くるま》は走り出した。

今度は三階の二十一号室だった。

病院の構造は、入って直ぐ左側が事務所、そこから突当って右へ手術室、手術後の治療室、局部の治療室、薬局という順に並んでいて、薬局の右が階段、その下が患者の便所で、その隣りに手術前後の患者のいる外科室が二つ続いている。そこを右へ曲ると浴室と洗面所があり、その前が売店で市価よりもよっぽど高い物を売っている。二階と三階とは全部患者の室である。

例の通り持って来た荷物を病院のおばさんに一応調べられてから、私は自分の室へ行った。鰻の寝床の様《よう》な長い八畳一間の室の、隅っこの方で手紙を書いているもの、ぼんやり考え込んでいるもの、皆、半襤袍《はんどてら》を引っかけて、ばさばさの髪を一束に引っつめて巻いている。まるで地獄の休憩所のようだ。それ等の人達に挨拶をすませてから、所在なさに、窓から外を覗いて見た。三階の窓から瞰《み》下《お》ろす夜の街は賑やかな灯《ひ》の海である。遠くに明滅するイルミネーションを見ているうちに私は寂しくなった。夜の都の華やかさを眺める場所にも事を欠いて、なんと云う惨《みじ》めな見物席だろう。

「長金花《ちょうきんか》さん、こっちへ来ておあたんなさいよ」

と誰かが後ろの方で云って呉れた。

「長金花さん、どこが悪くて入って来たの」

私が火鉢の傍《そば》へ寄って行くと年増の花魁が訊いた。

「傷で取られたんです」

「先生は誰？」

「島貫《しまぬき》先生」

「ああやっぱり異人に取られたんだね」

傍できいていたきかぬ気らしい顔をした花魁が叫んだ。

「妾《わたし》もね、三週間以上になるんだけど、ちっともよくならないんだよ。あの乱暴な異人の奴、顔見ると癪《しゃく》に障《さわ》ってしまうがない。あんな奴にかかってたらいつまで経《た》ったって治りっこありゃしない」

年増の花魁はくやしそうに云った。

誰もかれもがひっきりなしに薬をつけているので、室中がヨードホルムの臭《にお》いがする。

「さあ、室調べが来るから、床《とこ》を敷いとこうかね」

誰かが思い出したように云って立上《たちあが》ると、他の患者達も火鉢をかたづけたり、はき出したりした。八人が二人ずつ、都合四つの床を敷き終る。私は神亀《じんがめ》の花魁と一緒に一つ床に入った。なんだかじかに畳へ寝ている様な気がする。こしけで入ったと云う神亀の花魁は、静かな温順《おとな》しそうな人だった。

「考えないようにはしているんだけれどね長金花さん、ほんとうに親があったらまさかこんな処へまで来はしないだろうと思うと、諦められないの」と布団の襟に顔をかくして泣いていた。

彼女のこうした話を聞いた私は、貰い泣きと云うよりも、むしろ自分の事のような気がして込み上げて来る涙をどうする事も出来なかった。ほんとうに、金で私達を自由にしようとする男達が憎らしい。いくら憎んでも足りない。いまに、いまに……、私は余りのくやしさに、夜具にしがみ付いた。

一日おきの髪結銭《かみゆいせん》にも差支えるような生活、いくら働いても働いても借金は減るどころか殖《ふ》えてゆくばかりだ。そのあげくには病毒におかされて病院の厄介になる。

千代駒さんから手紙が来た。

あなたはよく私を一人ぽっちに置き去りにして行ってしまったのね。千代子《ちよこ》はこれから、あなたとお別れしている間、どうして過してよいか分りません。前から傷があるなんて云っていたから、心配していたのよ。もう入院してしまったものを今更なんと云っても仕方がありませんけれど。千代子はあなたの体も自分のものと思っているのよ。病院は淋しいでしょう。でもこんな所にいる千代子だってより以上淋しい思いをしなければならないと思うと悲しくなります。どうして入院してしまったの。仕方がないけれど、千代子はね、あなたが俥に乗って行くとすぐあなたの部屋へ入って、いつまでも泣いていたのよ。こうした苦しさで幾日も過さなければならないかと思うと口惜《くや》しくなります。一日も早く帰って来て、千代子を慰めて下さいね。男の事なんぞ考えれば、寧《むし》ろ入院していた方がいいとあなたの事ですから思っているでしょう。やっぱり千代子だってそう思いますわ。あなたと一緒に入院すればよかったと思っています。他の朋輩達がなによりも嫌がる病院でも、千代子はあなたと一緒にいる事が出来たなら、どんなに幸福か知れないと思っています。だけど世の中は思うようになりませんのね。

それから、あなたの好きなものを、明日おばさんが面会に行く時に頼んで上げますからね。あなたの様に心配ばかりしていると、なお体に障りますから決して心配しないで直して頂戴《ちょうだい》ね。お金が無くなったら、毎日でも知らせて下さい。遠慮なんかしちゃ駄目よ。私のものだって、あなたのものだって同じではありませんか。千代子が付いていさえすれば大丈夫よ。気を大きく持ってね。なんでも入用のものや、たべたいものがあったら直《す》ぐ云って下さい、気の毒だからなんて思っていれば、千代子はなお怒りますよ。あなたの為ですもの。どんな事をおいてもしますわ。きっと不自由させないつもりよ。出来る限りの我儘《わがまま》を云って下さいね。千代子に甘えて下さい。千代子はあなたにそうされるのがどの位嬉しいか知れません。きっとよ。

それからね、昨夜《さくや》沢田さんから電話がかかったので、色々私が訳を話したのよ。そうしたら大変心配していらっしゃったわ。その内にお金を送るからって。それから、どんな物を送ったらよいかと聞くから、パイナップルの缶詰にカステラ位のものだと云ったら、果物はと聞いたの。病院は果物は絶対に入《い》れないと云ったら驚いていらしったわ。そして時々私から様子を知らして呉れって云ってましたの。お体を大切にする様に伝えて呉れと云って電話を切ったの。私ほんとうに沢田さんは偉い人だと思いますわ。常にわかっている人だけあってね。つくづく感心したわ。普通の客なんか馴染《なじみ》って名ばかりじゃないの。それに入院でもして御覧なさい。ふり向きもしないわ。皆客なんかそんなものよ。ほんとうにあなたは沢田さんのような感心な方があるから仕合《しあわ》せよ。あの人こそ口ばかりじゃないわ。却々《なかなか》人の事なんか出来るものではありませんものね。それだのに、沢田さんが来ても、皆普通の男のように取り扱っているけれど、男は誰でも憎らしいと云うけれど、沢田さんの様な人がいるじゃありませんか。あなたは沢田さんのお心だけは汲んで上げてもいいと思いますのよ。今に沢田さんの心があなたによく分る時がきっと来ると思いますわ。

それから、あなたの吉田さんて云う方が来ましたが、入院したと云ったもんだから、他の人も買わないで帰ってしまったのよ。

じゃ余り長くなりますから、また明日書きます。何より体を大切にして風を引かないように気をつけて下さいね。暇さえあれば、手紙を書いて上げますから待っていて下さい。いいえ、暇はなくとも毎日書きます。手紙が着かない時は千代子になにかあるんだと思って下さいね。あなたもできるだけ手紙を下さいませ。楽しみにお待ちして居ります。

ではさようなら

淋しさに泣く

千　代　子

千代子の大切な

光　子　様　へ

読み終るまで、私は幾度《いくたび》読むに堪《た》えないで止《や》めようとした事か。幾度手巾《はんかち》を眼に当た事か。

ああした人がどうして、こんな所にいねばならないのだろう。考えれば考える程淋しい。真の姉妹《きょうだい》だって、こんなに親切でない。心の醜い、悪い人が立派に世渡りをして、あんな美しい聖《きよ》い人がこうしたどん底にうごめき、喘《あ》えている。その矛盾はどうしてできるのだろう。

「これも運命というものでしょうね」よく千代駒さんは云っている。

ほんとうにそれは運命かしら？　ああした人をああして苦しめるのが運命の神の業《わざ》だとすれば、私達のほんとうの神は一体どうしているのかしら。

そしてそうした事が神の我々人類に与え給《たま》う試練だとすれば、それは余りに堪え難い試練ではないでしょうか。そして悪人をああして立派に富み栄えさせているのも試練であろうか。

おお、神様、お許し下さい。こんな疑《うたがい》を神様に持ちました私の罪をお許し下さい。どうぞ、神様に持っていました私の信仰が崩れないようにお守り下さい。お恵み下さい。

「長金花さん、どうしたの、泣くのはおよしなさいよ。あたしまで泣きたくなるわ。仕方がないわ。あんた一人ばかりじゃないもの。ね、泣かないでね」

側《そば》の火鉢にあたっていた一人がそう云って呉れた。彼女は私が自分の身に泣いているんだと思っているのだ。千代子さんに対する私の涙はこの人に向って行った。

う。

私は急に抱きしめたくなった。

娼妓達は相も変らず昼間は客の話をしたり、悪口を云ったり、先生や看護婦、おばさんの悪口や批評などして騒いで気を晴らしているが、夜になると皆沈んでしまう。

「先生は早く駒《こま》を付けて帰してくれないかな。ああ、厭《いや》だな」

「どうしてあたしはこんなに弱いんだろう。去年の五月から入院し通しなんだもの、いつ退院できるか分りゃしない。どうすれば早く退院できるんだろう。一日に一度位の治療じゃいつまで経っても駄目だわ」

などと皆悲観している。そして、すべての彼女等の持つ暗さ、憂鬱、悲しさが室を圧する。

「出たいな、早く出たいな」

「ああああ」悲鳴のようなそうした言葉と嘆息《たんそく》が室をより暗くする。

私は彼女等のその嘆息の一つ一つを考えて見た。その嘆息は自分等の境遇や前途を考えて自然に出て来るのもあろう。けれども多くは早く出たい、出て稼ぎたい、と思い悩んで出て来るのだ。

病院は私にとって避難所であり、安息所である。たとえ南京米《なんきんまい》であっても、外へ一歩も出る事が出来ないとしても、たとえ自分を慰めてくれる千代駒さんに逢われないにせよ。病院は私を救って呉れる。聖い魂を授けてくれる。忍苦の重さに押しひしがれ、ひからびた哀れな自分の魂と添い寝できるだけどんなに幸福な事だか、まして昨今のように麗《うらら》かな午後は軽い心で本さえ読める。

だのに彼女達は朝から晩まで寝ても起きても退院の事ばかり考えているのだ。自分の境遇や前途に泣くよりも、現在楼《みせ》で働けない自分の不幸を悲しみ嘆くのだ。多くは馴染客を落す事を悲しんで、自分の肉を蹂躙《じゅうりん》される事を悲しまない。

私は恐ろしい事だと思う。

人間が人間と思われない事を悲しまない。苦痛だと思わない。反《かえ》ってそうされる事を喜ぶ。自ら進んで奴隷を欲する。

そうした事より悲しい事が人間にあろうかしら。

そして、そうした悲しい事は娼妓自身の無自覚からだ。無智だからだと云う。けれども、彼女等の境遇がそう観念さしてしまっているのだ。早く自由な身になりたい。しゃばに出たいと思って稼ぐけれども、そうした希望は彼女等に取って淡い夢の様な希望に過ぎないのだ。そんな夢のようなものよりも、馴染　人を落さないようにと心配しているのだ。馴染一人落す事によって、主人や婆《ばばあ》には酷《ひど》い目に逢い、月末の勘定日には苦しみ、一日隔《いちにちおき》の髪結銭に頭を痛めなければならない。朋輩達には馬鹿《ばか》にされる。年期が増すというようになる。そうした境遇に在る彼女達がそうした悲しい痛《いたま》しい事を考え、またしなければならないという事は哀れというも愚《おろか》なりだ。

こうした境遇に彼女達を置いて、彼女達は無自覚だ、無智だと云ってよいものかしら。

おばさんが面会に来た。面会所は入口の下の地下室にある。

千代駒さんが金《かね》一円、紙、封筒、レターペーパー、牛肉の缶詰、切手十枚、食パン一斤に西洋菓子を届けてくれた。花魁一同から見舞一円三十銭下さった。弥生《やよい》さんから、レターペーパー二冊に切手十枚入れて下さった。

急に嬉しさで晴々しい気持になった。けれども、皆さんからこんな事をして頂くのは嬉しいに違いないけれど……こうした皆さんの気持も要するに哀れな義理からではないかしら。この世にこんな悲しい見舞品があるかしら。ああして日夜血みどろと云い度《た》いが、青い血だって出ない皆さんの働《はたらき》によるそのお金だって皆……私がこの品物を戴《いただ》いた時にはあの主人の帳面にチャント書き出される事だろう。

○月○日　○円○十銭（春駒の見舞）千代駒

ああ私はこの哀れな贈物にさめざめと落る熱い涙をぬぐう事もし得なかった。

お昼は食堂に行かずに食パンを頂いた。

お菓子は室中の人達に分けて上げた。

午後、室のもの二三人と屋上庭園へ遊びに行った。のんびりとした。救われたようだ。今日は割合に暖かなので沢山遊びに来ている。広々した空、飛び廻る鳥、道行く人々、居並ぶ人家を見て、わが身の不自由をかこつやる瀬ない胸を抱《いだ》きながら、首をうなだれて、行きつ戻りつしているらしい人々の哀れな姿を見て、自分も急に憂鬱になって来た。

「せめてこの屋上にいる間だけでも、そんな気持を取れ」こう自分でたしなめて、強《しい》て快活な気になろうとした。

ふと向うを見ると、二三人の花魁が屋上に仕事をしている職人と話をしたり、からかったりしている。なんという哀れな退屈さだろう。彼女達の退屈な時を見せつけられる時程、私は自分を哀れに思った事はない。

ここに今働いている職人で思い出したが、一人の職人といい仲になっている娼妓《おいらん》がいる。その娼妓はいつも私達の室に遊びに来ている。入院してから一年以上にもなるが、傷が治らないそうだ。もうすっかりやけになっているらしい。病院の人達も持て余している。本人は、

「あたしは一生この病院で暮すんだ」

と口癖のように云っている。楼主も呆れてかまわないらしい。小遣もこの頃は寄

越さないと云っている。そして毎日誰となく花魁の傷に薬をつけてやったりしては、少しばかりのお金を貰ったり、紙や脱脂綿を貰ったりしている。そして時々お酒を飲んでは、泣いたり、笑ったりしている。この間もお酒を飲んで私の室に来て、

「みんな聴いておくれよ。こんなにお酒を飲まなければいられない、あたしの心も察しておくれよ。この頃になってはみんなも知ってる通り、楼《うち》の方でもあんなだろう。人間もこう人に見捨てられるようになっちゃ、おしまいだよ。あたし程運の悪いものはないよ」と云って泣き伏した。と急に笑い出した。ヒステリーのようだった。他の花魁達は相手にしない。黙って知らん顔をしていた。そして、後になって悪口を云っている。

「いくら長入院でやけになったってさ。呆れてしまうよ。こんな所で色男を持っていてさ、それだもの、いくら経ったって傷が治らないのは当り前さね。そしちゃ、あっちへ行って貰い、こっちへ来ては貰いして、まるで乞食みたいに……」

けれど私は貴いものを見るときのようなけいけんさで彼女のする事、云う事を見ていた。なんだかあの人と私の歩んでいる道とは大したへだたりを持っていないような気がする。

ほんとうに、こんな人はどんな道をとったらいいだろう。然《しか》し道なんてありはしないけれど、だけどこうして長入院をしているその人の心を考えずにはいられない。

治療に行った。先生は私の両方のりんぱ腺を触って見て、首を傾けていた。さわられるとなんとなく痛い。先生は、

「余り運動すると横根《よこね》が出るぞ」と云った。室に帰って来ても心配で仕方がない。もし横根でも出て手術でもするようになったら、どうしようかしら。毎日四五人の手術する人達の事を考えると、考えるだけでも恐ろしくなる。余り心配なので、患者達にきいて見た。

「きっとよこねよ」私は針で胸を刺されたような感じがした。

　この室の人は大抵横根を手術しているんだ。それとなく様子を訊いているが、皆、余り痛くないような事を云っている。けれども、刃物一つ触った事のない私には恐ろしい気持がしてならない。

「長金花さん、そんなに心配しなくも、大丈夫よ、横根だと思ったら、早く手術してしまった方がいいわ。氷で冷したり等《など》してひっこませる人があるけれど、後で体に悪いわ。そんな事をすると、毒が内こうしてなお体の為によくないから、思いきって切った方がいいわ。痛いのは一寸の間ですもの。その方がいいわ」

　一人の花魁はこう云って呉れた。それでも私は不安で仕方がない。

「ほんとよ、出るものなら早く出してしまった方がいいのよ。精分を付けて……生玉子を二つ飲んで、牛肉をたべれば、横根なら出るし、そうでなければ出ないから、

やって御覧なさいよ」とそばにいる花魁も云って呉れた。

私は不安と恐ろしさで考え続けだった。夜もろくろく寝られない。手術した人の、ヒイヒイと云う泣き声が耳について寝られればこそ。私はどうしてよいかまよってしまった。思い切って手術しようかしら。よそうかしら。手術する時の気持は何《ど》んなだろう。随分痛いのだろう。あんなに泣く人さえあるんだもの。それに注射をするからと云うけれど、痛くないのかしら、いや、痛いのに違いない。一緒に寝ている人迄心配して、

「そんなに心配する程痛くはなくってよ。安心してお寝《やす》みなさいよ。そんなに心配するとなお悪くなるわ。苦にするとなお横根が大きくなるわ。切る時になれば誰だって諦めてしまうわ。切る迄が心配なのね。大丈夫よ。仕方がないから、切るなら切れと云うように気を大きく持っていらっしゃいよ。注射するんだから少しも痛くはないわ」と云ってくれた。私はそれでも、皆あんな事を云って、私に安心させようと思っているんだろう。きっとそうかも知れない。ますます眼はさえて来るばかりだった。何うして私はこんな体になってしまったのだろう、私は誰も恨むまい。キリストを見よ、キリストを見よ、私は再び起き上って、泣きながら村田さんの所と、千代駒さんの所へ手紙を書いた。夜はだんだんとふけて行く。寒さは身にしみる。相変らず窓ガラスはガタガタ云っている。こんな夜にどこかで今幾人かの弱

い女性が涙ながらに売られている様な気がした。そんな声じゃない。そんな声じゃない。自分は冷たいかけ布団を頭までかぶった。

何うなってもかまわないからうんと運動してやろうと思う気になった。患者達が皆私を慰めてくれる。丁度《ちょうど》隣の品川楼の八ッ橋《やはし》さんと云う花魁も入院していて、私の室《へや》へ毎日遊びに来ていた。いつも私を慰めてくれて自分の事のように心配して、

「そんなに心配しなくも妾がついているから大丈夫よ。手術した方がいいわ。手術したら何でも妾が世話をして上げるから、そうして早く体をなおした方がいいわ」

と云っては力をつけてくれる。

午後、また屋上へ遊びに行った。七八人の患者達と沢野先生がしきりに話をして騒いでいた。私もそばへ行くと、皆自分の傷の事を聞いたりしている。その中《うち》の一人の患者が病院の食事の事を云い出した。私は面白い事を云い出したと思って聞いていると、

「先生、先生も私達と同じように南京米をたべているのですか。もう少しおかずだけでもよくする事は出来ないんでしょうか。あんなものばっかりじゃ賄《まかない》もうかるでしょうね」とツケツケ先生に云っている。

「僕だってそりゃたべるさ。そんな事を僕に云ったって仕方がない。米をよくする

のも、おかずをよくするのも、皆楼主が出さなければ駄目だね。楼主がそれだけしか出さないからまかないの方だって仕方がない。それだけの米とおかずしか出来ないんだ。今一日三十六銭の所をもう少し楼主の方で出してせめて六十銭位にすれば、うまい米もたべられるし、おかずも相当のものも出せるけれど、そんなのは病院のせいじゃない、皆んな楼主が悪いんだから皆して楼主にかけ合ったら何《ど》うだね」と云って笑っていた。

室へ帰ると、また、千代駒さんの所と沢田さんの所から手紙が来ていた。

患者達はどうしてこう親切なのだろう。同病相《どうびようあい》憐《あわれ》むとはよく云ったものだ。楼から面会に来て見舞品を貰うと決して一人では食べない。室中の皆んなに分けてやる。そしてお互に病気の事を心配し合い、お互の涙をお互が拭《ぬぐ》い合《あお》うとするのだ。他の人の傷口を見てやって、自分のもののように心配している所なぞを見ると、私は独りでに涙ぐむ。

あの彼女達の涙の万分の一でも、楼主に、おばさんに、男に、あったら、ああした悲しい場面を見ずに私は済んだろうに。

弱い者でなければ、弱い者の身を思う事はできないのか、永久に？

千代駒さんへ手紙を書いた。千代駒さんからは毎日のように手紙が来る。そしては慰めて呉れる。なんと云って感謝してよいか分らない。

なんと云う寒い晩だろう。なにからなにまでコンクリートだから堪《たま》らない。彼女達はまるくなって火鉢を囲んでいる。お客の話をしたり、流行歌《はやりうた》を唄っている。皆、なんの苦も悲しみもなさそうに唄ったり笑ったりしている人達を見ていると何故か物狂わしい愁《かな》しさに襲われる。

窓から程遠くに見えるあの二階建の電燈の下で針仕事をしているらしい人が羨ましい。

それにこの高い牢獄の三階の窓から眺めている自分のこの姿は……。なんと云うみじめな私に変り果てた事だろう。こうした私だって、唆い母の側で針仕事をしていた事があった。

いくら貧しくもあの頃は幸福だった。幸福だった。お母さんは今頃なにをしているだろう。もう二ケ月もお便りをしないが、さぞ心配していらっしゃるだろう。

隣の室では花魁が癪でも起した気配。看護婦や先生がかけつけて大騒ぎをしている。

九時、室調《しつしらべ》がすんだ。相変らず、りんぱ腺が気になって仕方がない。なんだか大きくなって来たようだ。歩くと足がつれる様な気がして痛くて仕方がない。

お風呂へ入っていると間もなくおばさんが面会に来た。横根の事を話すと、

「困るね、おばさんはすぐ退院出来ると思って来たのに、しようがないね。じゃすぐ切って貰いなさいよ」渋柿でもはき出すような顔付をした。

「沢田さんがお金と本を寄越しましたよ。お金がなくなったら手紙で知らせて呉れなんて云ってましたよ」と云って出した。千代駒さんも襦袢《じゅばん》やお腰などの洗濯したものを届けて呉れた。

「困ってしまうね」と繰返しながら帰って行った。まるで居直り、へのようだった。

沢田さんからの本は「改造」の新年号と『啄木詩集』の第二巻だった。すぐ返事を出した。

治療に行って先生に云ったら、

「ああ、こりゃ横根だ。切らなければ駄目だ。じゃ今日から外科室に下りろ」と云われた。手術は明後日《あさって》するそうだ。

私は室へ入るなり泣き伏してしまった。身をもがいて泣きじゃくったがどうする事もできない。誰か後《うしろ》の方で、

「長金花さん、今日外科室へ下りるんですって、困ったわね。仕方がないわね。でも早く手術した方が、すぐ体がよくなるからいいわ。そんなに心配する事はないわ」

「痛くないわよ、注射するんだもの、自分でハッと思った時分にはもう繃帯《ほうたい》をして

しまうんだもの、一寸の間よ」

　こう云っては皆して慰めて呉れる。間もなく品川楼の八ッ橋さんが入って来た。

「とうとう切るんですって。大丈夫よ、私が毎日行って見て上るから、余り心配すると体が悪くなるわ。あんたのようなやせている人が、この上やせたらどうするの。安心していらっしゃいよ。お互ですもの。私だってまたあんたに世話にならないとも限らないもの。遠慮なく云った方がいいわ」

　なにからなにまで親切に云って呉れた。私は皆がこうして親切に云って下さるので、嬉しくもあり心強かった。

　八ッ橋さんもほんとうに苦労している人だった。今年二十三で四人兄弟だそうである。十八のときに、無理に随分年の違う親戚の人へお嫁にやられたが、姑が悪い上に、行ってから二年目に子供が出来たが、夫がその頃から不身持《ふみもち》になった。でも子供の為にどんなに姑に虐《いじ》められようが、夫が放蕩しようが我慢しようと思っていた。が、夫は増々毎夜のように家《うち》を明けるようになった。

「お前が悪いから遊ぶようになったのだ」

　こう云っては姑は毎日のように小言を云っては虐めた。幾度か里の母に自分の切ない身を訴えたが、父が厳格の為母もどうする事も出来なかった。

「一たん死場所と定めて行った所だから、決してどんな辛い事があっても家へ帰って来てはならない。まして子供も出来ているのだから、夫が不品行だからと云って帰って来るようなものは絶対に入れない」

　父にはこう叱られるので、母に慰められては泣きながら帰って来たのだった。けれども、姑には虐められるし、たまに帰宅する夫からは辛く当られるので、とうとういたたまれず、八ツ橋さん、子供を置いて出てしまった。が、父はどうしても家へ入れなかった。それで八ツ橋さんは仕方なく、女中奉公に出るようになった。けれども、子を思う心で一杯だった。仕事も手につかない。決心して夫の手元から子供を奪い取って来てしまったが、さて育てるに困った。実家にも入れて呉れないので途方に暮れてしまった。そして自分でどんな苦労をしても育てようと決心した。そして吉原へ身を沈めたのだった。

「ほんとうに苦労したわ。行った先がそんなだったでしょう。それもね、無理に貰いに来てね。父や母が親類だしするから始めは反対したんですけれどもね。それでもと云うので行ったんですけれど……でも子供の事は一日として忘れた事はありませんわ」

　八ツ橋さんは目に一杯涙をためてこうしたひどい目に逢った事を話した事があった。

　母性愛！　私は自分の母の事から母性愛を疑《うたぐ》っていた。けれどもこの八ツ橋さんのお話で、その疑っていた事をまた疑い初めた。

　そうした苦労したせいか、八ツ橋さんはゆかしい心の持主である。ああした人が親切にして下さるので心強くもなった。

　手術するので明日爪印《つめいん》*を捺《お》すのだと室の人から聞いた。ああ、どうしても手術しなければならないのか。一刻も休まないで歩いて居る太陽が恨めしくなる。この一日がいつまでもいつまでも暮れなければよい。

　外科室に下りろと云われた。

　患者達が荷物を運んで呉れた。

「長金花さん、あんた、痛くて歩けないでしょうから、なんにも持って行かないで静かに下りなさいよ。私達が皆持って行って上げるわ」

と親切に色々手伝って呉れた。

　淋巴腺《りんぱせん》の所がずきずき痛んでくる。眼が廻って来るように感じられた。自分で自分の体を動かすのが厭でたまらない。私は皆さんのするままにまかせて静かに階段を下りて外科室へ行った。

　外科室の自分の室には手術した人が七八人床についていた。皆死人のような顔をしている。

　火鉢には五六人の患者がうずくまっている。軽い人が看病に来ているのだ。こうした室の有様を見廻すと熱いものでも胸につぎ込まれたような苦しさを感じた。私もこの人達と枕を並べて……身顫《みぶる》いせずにはいられなかった。

「あらっ、長金花さんじゃなくって……」

声をかけられたので、ヒョット振り向くと、昨年の丁度今頃、バラックの病院に二週間近く入院していた時、一緒に寝た京二《きょうに》の宝来《ほうらい》の信夫《しのぶ》さんだった。

「随分暫《しばら》くね、まあ、横根が出たの。この前から見るとほんとうにやせたのね。先《さっ》刻《き》から鼻の先によく似た人が立っていると思ってたのよ」

「暫くでした。すっかりお見それしてしまって……昨年は色々お世話になりまして……」

この人には私は随分お世話になった。私が店へ出てから間もなく初入院して、なにも分らなくて困っていたところ、この人に厄介になった。

「丁度今頃ね、あの頃の長金花さんはほんとうに泣き虫だったわ。あの頃から見ると随分変ったわね。妾もそうだろうけれど、それに顔色が大変悪いじゃないの、丁度いいわ。世話ってなんにも出来ないけれど、遠慮なく云い付けて頂戴よ、そんなに気をもまなくても大丈夫よ」

この人もやっぱり看病に来ているのだった。誰となく世話をして上げている様だった。吉原へ入って去年で六年目だとか云っていたから、今年で七年になるのに、まだいるのかしら。

　拍子木《ひょうしぎ》が打ち終ると、賄の男が御飯を運んで来た。私は寝ている人達に小さい土鍋に入っているお粥を運んで上げた。お菜《かず》は小さい支那玉子一つに、麩《ふ》の煮たのに梅干一つである。

　花魁によっては、福神漬や佃煮、牛肉の缶詰、馬肉の煮たのなどを楼《うち》から取り寄せている。お粥と云ったら、まるでメリケン粉をかき廻した糊のようなもの、一寸見ても胸につかえそうだ。皆顔をしかめて半分もいただける人はない。少しも手をつけない人もある。それにお菜でもおいしかったら、と云っている。火鉢の廻りには看病する人達が、開いた缶詰の缶で、おじやをつくったり、玉子を煮たりして喰べている。見ただけで胸が一杯になって、御飯を喰べに行く気にはなれなかった。

　私はこの室の人達に手術する様子を聞いたら、誰も痛くないと云っている。只《ただ》、注射の効《きき》めが取れると、後で、刃物やみ*がするだけだと。そして、右の方を手術するとまた、左の方へも出ると云う。そう聞かされた私はどうせするなら両方一度にして貰ったらと思った。けれど、いざ、自分が手術すると云う時の事を想像するだけでも、堪えられない寒けをおぼえるようだった。ここには三度も四度も同じ所を手術した人がいる。一週間で治ると、また後からぐりぐりが出来て、四度も手術の仕直しをした人さえあった。股横根《ももよこね》と云って、股の所へ大きな毒の腫物《はれもの》が出来て手術した人もあった。大抵片方から毒の球が七つも八つも出ると云っている。球の中はうみになっているそうである。私は聞いただけでもぞくぞくして身の置場もない程だった。恐ろしい穴の中へでも引ずり込まれるような気持がする。

　もう手術すれば、当分手紙が書けないと思ったので、花魁一同と、千代駒さんとへ手紙を書いた。こんな手紙を見たら千代駒さんはどんなに心配するだろう。悪いとは思いながら、自分の今の心を他の誰にも話す人のない私は、やっぱり、千代駒さんに総《すべ》てを云うより他になかった。私は床に入って、いつまでも、いつまでも泣いた。

「神様この腫物を失くして下さい」私は神様にお祈りして、いく度も腫物の所を触って見たが、やっぱり変りはなかった。夢じゃないかと室中を見廻すと、やっぱり自分の廻りには手術した人達が枕を並べて寝ていた。私はがっかりしてしまった。一時に疲れが出た体のように、身の置き所さえない位だった。意識さえ失われそうだった。手術！　手術!!　手術!!!　私は悩まされて、どうしても寝られない。どこからか深い嘆息《ためいき》がする。彼女もなにか考えているらしい。あの人達も私と同じように苦しんでいるのか。どうして私共はこう苦しまねばならないのか。

「そんな弱い事でどうする。もっと強くなれ、強くなれ。基督《キリスト》はもっと、もっと苦しまれたのではないか」そうした囁《ささやき》がどこからかする。

とうとう夜が明けてしまった。

事務所の人が手術の通知書を持って来た。それに爪印を捺した。どうなってもかまわない。切るなら切れ。死んでもよい。反って死んだ方がどれ程幸福だか、こうした苦しみを見る位なら、いっその事、死んでしまった方がどんなにましだか。落付《おちつき》が出た。

病院では二三日中にラジオが引かれるというので、患者達は大騒ぎをしている。何も楽しみのない、苦しみ通している人達には何よりの慰安だった。皆は喜んで今から待遠しがっていて、その話に余念がない。その人達のラジオの話に夢中になっている姿を見るといじらしくなって来る。

いよいよ明日が来る。なんと云ってよいのか。どうしても強くなって諦める事はできない。私はどうしてこう弱いのだろう。手術した人達は皆平気でいる。ああした強い心になれないのが口惜しくてたまらない。痛くもなんともないんだ。と思っている側から、

「恐ろしいんだぞ、痛いんだぞ」と耳元で囁くかのように思われる。

「そんなに心配する程でもないのよ」

側にいる人達が云ってくれるけれど、なお不安にさいなまれる。看病に来ている

人達はお客ののろけなどを云っては、ワアワア騒いでいる。人の気も知らないでと思うと、いらいらして来る。

今日もここの室から一人退院した。すると、皆言い合《あわ》した様に泣き出してしまった。

「みんなだってすぐ出られるわよ、ええ、すぐ呼んで上げるわ。お大事にね」とその花魁は慰めながら、いそいそと帰った。

「呼んでね、呼んでね」と泣きながら、退院する人々にせがむ可哀そうな姿を見ると変な気になる。そしてはお互に慰め合いながら、退院する人の後姿を、羨ましそうに見送っている。病院でこんな悲劇を見せつけられるとき程、自分に悲しさを与えるときはない。そしてこうした事は毎日のように起っている。

でも見送った後暫くすると、忘れたかのように、また騒ぎ出すのだ。客の話、世間話。そうしたもので気を晴らしている。

何と思っても今日は手術しなければならない。京二の河内楼《かわちろう》の人も手術するのだった。

私は余り心配で御飯も咽喉《のど》に通らない。河内の人は、今朝外科室に下りて来たが、その人も心配そうな元気のない顔をしていた。自分一人じゃないと思うと少しは気強かった。暫くしておばさんが単衣物《ひとえもの》を持って立合いに来た。河内では番頭らしい人とおばさんと二人。私は頼りないおばさん一人きりで、なんとなく情なく思った。それに主人は常に病院の先生達にも悪く云われているので、私がひどい目に逢わされるような気がした。自分のひがみかも知れないが……変に神経がたかぶる。

手術は午後一時だった。品川楼の八ツ橋さんと二三人の花魁が三階から下りて来て呉れた。

私は胸がどきどきして、何を云う元気もない。河内の人が先に手術をした。どんな気持だろう。まるで生きている気持はしないだろうと思っていると、すぐ後の人、用意をして下さいと、病院のおばさんの声がする。手術室に入ると小木先生は、

「今の人は強かったぞ。少しも泣かなかった」

そして早く手術台に上れと命ぜられた。

「先生痛いんでしょう」

私は台へ乗ろうとはしなかった。

「大丈夫だ、少しも痛くない。早く切って早くよくなった方がいいじゃないか、一思いだ。ほんとに前の人はきつかったぞ」

おばさんや看護婦にせきたてられて手術台に乗った。そして、横に臥《ね》かせられた。すぐ看護婦が二人で手と足を押えてしまった。私はまるで絞首台に上ったような気

持がする。先生が、どんなものを持っているかと思って首を上ると、ピカピカ光っているメスが私の眼を射った。

「先生、痛い」思わず叫んでしまった。

「なんだ、まだ何もしないうちに、弱虫だな」と笑って云っていた。

「痛くないように注射するんですよ」

と看護婦は云った。先生は淋巴腺の所をさすっていたが、

「割合に小さいな、軽い、軽い、左の方もあるようだから切ろう」と云った。

「先生、左の方もですか……」

私はおろおろになって云った。

「あ、こっちも切らなければ駄目だ」

私は一層の事、全身に麻酔《まやく》をかけて手術して呉れるといいと思った。その内、チクリと注射をした。呀《あっ》と思うと頭の先から、足の爪先までゾッと寒気がした。右の方へ二本、左の方へ三本した。

「先生痛い、痛い」と泣声を出すと、

「もう痛くない、痛くない」

と云いながら先生はメスを手にしたらしい。私は堅く眼をつぶって耳を塞いでいた。するとチクチクして来た。今切られているのかと思うと急に痛くなって来る。

「先生まだですか」

私は大きな声で泣き出してしまった。

「もうすぐだよ、もう少し、もう少し」

やがて済んだらしく看護婦が繃帯を巻き始めた。ああ済んだ、と思ったら急に寒さを覚えて来た。血だらけの手をした先生は私の顔を見て、

「弱虫、泣虫」と笑った。

室へ運ばれて行って床へ横になったが、息が止まりそうだった。品川楼の人が小《しょう》水《すい》の事まで心配して呉れた。

「よかったわね、手術する時の顔ったらなかったわね。あんまり真蒼《まつさお》で……」

暫く側にいて呉れたが、また来ると云って三階へ帰って行った。強いて眼を閉じたがいつ迄もガタガタ震えて眠れるどころではなかった。

「両方縫ったんですから動いちゃいけませんよ。動くと糸が切れたり、黴菌《ばいきん》が入ったりしますからね」

とおばさん初め皆から注意された。

夕方になってお粥が来たが、てんで喉へ通らなかった。

七時頃からそろそろ痛み出して来た。

「長金花さん、痛くないこと？　妾刃物痛《はものや》みがして堪らないの」

隣りに寝ている河内の花桐《はなぎり》さんが苦しそうに顔をしかめながら身を藻掻《もが》いた。

枕元で、他の室から見舞に来ている人達がどしどし騒いでいるのが頭に響いてならないが、病《や》めて来るように感ずる。吸鳴《どな》りつけてやりたいが、歯ぎしりをして我慢していた。河内さんは苦しそうに「うーん、うーん」うなりながら、さもうるさそうに私の顔を見つめる。

「ほんとにうるさいわね」二人は顔を見合せてはうなっていた。

暫くして品川楼の八ツ橋さんが来て呉れた。

「もう小水が出る時分だろうと思って来て見たの。遠慮しないでしなさいよ。お互ですもの。ね、我慢してると毒よ。誰だって手術した日なんかに行く人はないわ。それに傷の為によくないわよ。ね、そんなに遠慮しないでね。あんた一人ばかりじゃないでしょう。誰だって皆こうしられたりしたりするんでしょう」

八ツ橋さんがそう云って親切に便器を持って来て呉れた。

しかし便器だけはどうしても厭だったので、他の人に吊下っても便所へ行こうと思ったが、どうしても痛くて動けなかった。仕方なくやっと八ツ橋さんに取って貰った。余り気の毒でお礼の云い様もなかった。

「またいまに来るからね」

彼女はそう云って出て行こうとした。

「八ツ橋さん、もういいわ、妾達がそばにいるんですもの。小用《こよう》の世話位はしますわ。体の悪い時はお互様ですもの、妾もさんざ人様の世話になってね、これからは妾達が世話をする番だわ」

二週間も前に手術をして、この頃ようやく起きられる様になった人がそう云って呉れた。

皆こうして親身のように世話をして呉れるので、何と云って感謝していいか分らない。私は便所へ行き度くなる度に、自分の身の不自由さに蒲団の中へ顔をつっ込んでは泣いた。ほんとうにお互とは云うものの、よく顔も知り合わない様な人達に小水のお世話までさせるのは随分辛かった。

向うでも、こっちでも、寝返りを打ってうなっている。

薄っぺらな敷蒲団、その固さはまるで板の間のよう。ジメジメしてなんだかしら変に臭い。私は蒲団を乾《ほ》しているのを見た事がない。

それもよいが、この敷蒲団の狭い事、寝返りするごとに畳におっこちそうだ。隣の人のかけ蒲団と自分の方のとが重なり合っているので、幾度も寝返りする事が出来ない。

十畳の室に九人の患者、窓は閉め切って、体臭と薬の臭と、彼女達がうなる毎に吐き出す息とで、この室は充たされている。

電燈の光もそれらの汚れた空気の為にぼんやりしか見えないような気がする。

夜が更けるに従って痛みは激しくなった。

身動き一つできない、足にばかり力を入れてつっ張るので、足が棒のようになって感じがなくなってしまう。

「今頃が一番痛いでしょう」

と誰かが云って呉れたが、余りに傷がずきずき痛むので返事も出来なかった。

こんなにうなっていては、側の人達が眠れないから声を立てまいとするが、何時《いつ》の間にか知らずにうなっている。

「まだお小用したくない？　遠慮しないでいつでも起して頂戴ね」

そう頭の方で云って呉れた人があった。

「苦しいだろうね。手術した晩は誰でも眠れないからね」

誰か向うの方で、煙草でも吸うのか、マッチをすりながらそう云った。

「長金花さん、痛いでしょう。私もうどうしていいか分らない」

河内さんは虫の泣くような声で云った。

「ええ、私も痛いの、片方だと思ったら両方なんですもの」

体の置場もなくなる程だった。唇を嚙んで堪《こら》えようとしても無駄だった。

かれこれ一時半頃になってから、八ツ橋さんが来て呉れた。

「妾が後でおさえていて上げるから、一寸起きて御覧なさいよ。そうすれば少しは楽になるでしょうから」

私達が余り苦しんでいるのを見るとそう云って起して呉れた。しかし私は両方手術して胸の辺から、腰の所まで繃帯が巻いてあるので、そんなに長くは起きていられなかった。でも大変体の方が楽になったが、傷の痛むのは一向薄らぎもしなかった。

それから今度河内さんを起して上げた。彼女は片方なので、暫く起きていたが、やっぱり痛いのに変りがないと見えて、苦しそうな息づかいをしていた。間もなく八ツ橋さんも帰った。

「ああ、痛い、痛い」

河内さんの辛そうな呻声《うなりごえ》がいつまでも続いていた。

一晩中刃物やみで苦しみ通しだった私は、この二三日御飯も喰べないで寝続けた。丁度子供のように、昼間寝て夜になると眼がさえて眠れない。一昨日《おととい》千代駒さんから来た手紙を今日やっと見る気になった。

光子さん、手術するんですって、千代子はあなたの手紙を見てもほんとうだとは信じられませんでしたの。だけど手術の前の最後のお手紙を見て泣き通しでした。千代子はすぐにでも行って看護したいのですけれど、親兄弟でさえよくよくでなければ面会できない病院の事ですから、千代子はどうしてよいか分りません。心はあせってばかり居りますが、どうにもなりません。でも私の心だけでも無事に手術がすむだろうと思っても見ました。見世《みせ》に出ていても気が落付《おちつ》きませんの。床に入っても気になって起き――

私の瞳に宿った涙でこれ以上読む事はできなかった。涙はふいてもふいても止めどなく流れて手紙の上にポタポタ落ちてくる。

「長金花さん、なに泣いてるの。また、いい人から来たんでしょう。そんなに泣くと治らない事よ。早く退院しないから、他の楼《うち》へ行ってしまうとでも書いてあるの。男は浮気だからね。そんな事を云っても、もうきっと、どっかで遊んでいるに違いないわよ」などと側で床の上に起き上っていた花魁は云っている。その花魁を見つめていた私の瞳には涙が一杯たまった。

今日は手術後、初めての治療だった。品川楼の八つ橋さんと、長花楼《ちょうかろう》の小紫《こむらさき》さんの肩につかまって、やっと治療室へ行った。治療室のガラス戸の棚には治療器械、メス、などがピカピカ光って並べてある。そうしたものを見ただけで、身の毛がよだつ程ぞくぞくした。先生は肉が中々上らないと云っていた。

病院のおばさんが、お掃除しなくてもよいのに、わざとあっちへ動かしたり、こっちへ動かしたり、蒲団をまくったりする。少しでも起き上られるようになると、お掃除を手伝わせたり、雑巾がけなどさせる。ああそうだっけ、お金もこの頃やれないから。そう思っていると、煙草を吸う人の所へ行って盛《さかん》にお愛嬌をしたり、ペコペコしては貰って吸っている。

癪にさわって、どなりたくなるが、また、よく考えると、気の毒な人達だと思う。

私は河内楼の花桐さんと親しくなった。色々話し合ったり、泣いたり、慰め合ったりして、一日を過してしまう事が度々ある。誰よりも仲よくなった。二人はいつも同じように何事も一緒にする。河内ではおばさんや下新《したしん》が一日置には必ず来る。羨しい。それだのにこの頃の楼と云ったら一週間に一度来るか来ない位だ。私は来て貰いたくはないが、皆の前に少し恥しいような気がする。

「楼では毎日のように来るけれど、そのかわり持って来るものは皆借金になるのよ。なに一つだって借金にならないものはないわ。それはたまに朋輩からお見舞は貰うけれど……」

と河内さんは云っていた。

親切な河内楼主人の心は花桐さんを縛る鎖だったのか。

「ありがとう、ありがとう」と云いながら、だんだん縛られて行く――その一言、一言は彼女を下へ下へとどんぞこへ入れて行く――

親切にかこつけて身動きされないようにして搾取《さくしゅ》しようとする楼主と、稼業ができない、売れないからとて、どんなに困っても苦しんでいても、一銭も送らないで、泣きの涙で暮させる楼主とどちらがよいのか、悪いのか。

どう考えても分らない。結局そんな事はどっちでもよいと思った。

夕方清川《きよかわ》さんから手紙が来た。千代駒さんにばかり物を頼んで、彼女にはなにも云わないと不平らしい事を云っている。明後日おばさんが行くと云ったから、その時私の大好きなものを届けると書いてあった。手紙と一緒に清川さんの馴染高橋さんから、「君よ知るや南の国」と「春の夢」の音譜が届いた。

ラジオがかかったらしい。二階にあるのがよく聞こえてくる。皆坐蒲団を持ってききに行く。手術して寝ている人達は行きたそうな顔をしている。

脚気《かっけ》でその上手術した人がいる。脚気には滋養物は悪いし、傷には養生しなければならないと云うので困っている。私より三週間も前に手術したが、まだ一向よくならないと毎日悲観して泣いている。外科室にも泣き声は絶えない。

今夜、久しぶりで、故郷へ、入院していると云って出そうと思って書き始めたが、矢張り無事で働いていると書いて出した。

その手紙を出した後《のち》また家の事を考え出してしまった。頭から蒲団を被って思う様泣いた。

お母さんも私もどうしてこう不幸に生れたんだろう。どんなに苦労してもいい。どんなに不幸であってもいい。ただこうした所に入らない限りは……。こう悲しむ私よりお母さんの方がどれ程、悲しいか知れないだろう。こう苦しむ私より、不幸な私より、お母さんはどんなにか、不幸であるか知れない。こうした所に自分の娘を売らなければならないお母さんの身の上と立場を考えて見ると、ときどき恨《うらみ》を思う自分が悪いような気がする。自分が楽をしたいために、お母さんは私をこう不幸にした訳ではないだろう。お母さん一人の罪じゃない。誰もが負わなければならない十字架だ。

私だって悪い。どうして悪かないと云われよう。おお恐ろしい、自分の罪を棚に上げて、お母さんを怨んだり。神様を疑《うたぐ》ったり。

おお、何卒《なにとぞ》、お許し下さい。

私はもう、人間じゃない。

私は再び世間に出られない。人間として生きられない。

どうして高い扉上から飛び下りて死ななかったろう。どうしてこんな身で今迄おめおめ生きながらえていたろう。かえって、手術を恐ろしがったりして……、ああ、どうしてこう醜い自分なんだろう。ああ、厭だ、世の中に生きていられない。そう思っては幾度も室中を見廻した。と毎日一日も早く療《なお》って退院したい事のみしか考えていない人達の無心に寝入っている姿を見ると、ひしひしと新しい悲しさが身に迫ってくる。風呂番の時々廊下をバタバタと打つ草履《ぞうり》の音が淋しく響く。

今日は頑固な島貫先生に診て貰わなければならないというので、外科室の人達は皆治療に行くのを厭がっている。この先生は他の先生と異《ちが》って、賄賂《わいろ》のきかない先生だそうだ。それで患者に対しても少しの同情も持っていない、冷たい人なので、誰一人この先生を好くものはなかった。そして頑固一方で通っている。それにこの病院でどの先生よりも手術のなれている上手な小木先生とは非常に仲が悪いとの事で、この小木先生にかかった患者だと皆手荒な事をすると聞いていたので、こうした事には誰よりも意気地のない私は、治療室へ行ったが、余りの怖さで、まるで早鐘を打つかのように動悸が激しくなって来た。

「長金花さん、どうしたらいいでしょう」

河内さんは中ば泣き声で云った。新らしい人が先だと云うので、私が一番先に治療台に乗った。

「俺の顔を見ると皆んな厭な顔をしてやがる」

島貫先生はそう云いながら、小木先生に縫って頂いた傷の糸をピンセットで抜いてしまった。私は泣き出したいが歯をくいしばってしっかり診台につかまって痛いのを堪えていた。

「生柔《なまやさ》しい事じゃ駄目なんだ。荒療治しなけりゃ治りっこありゃしない」

そう云っては傷口をガリガリかき廻した。私は泣きながら外科室へ帰って来た。すぐ後から河内さんも眼に一杯涙をためて帰って来た。

「妾も糸をぬかれてしまったの、中が腐ってるって――」

河内さんはおいおい泣き出した。何故小木先生は診て呉れなかったんだろう。そう思うと小木先生が恨めしくなって来る。他の患者達も今頃ひどい目に逢っているだろうと考えると私は身震いがする。

娼妓達は、この島貫先生に診て頂くのを何よりも恐ろしがっている。だから一度は皆んなで相談した事があった。

「いくらあんな頑固な先生だって、こっちからなずっこく出れば、決して酷い事はしないと思うわ。あんまり皆んなが、恐ろしい、怖い、厭だと思うから、先生の方でもひねくれて、むきになって酷くするんだから、今度は皆んなで、頼むようにしようじゃないの。ニコニコしながら挨拶でもしてね。そうすりゃ、いくらなんでも少しは異うと思うわ。だから厭だと思っても、先生の前へ行ってから、顔に現わさない方がいいわ」

一人の娼妓はこう云い出した事があった。私も同感だった。その後、この先生の番になったとき、

「先生、早く治療して下さい」

患者達は甘えるようにこう云ってわざとらしく笑った。

「なんだと、そんなにがりがりして貰い度いのか」

と云って、やっぱり例のように手荒く治療するのだった。


あくる朝、河内さんとしぶしぶ治療に行った。

「お前は肉の上りが悪いな」

先生はつっけんどんに云った。そして余り体が衰弱しているから、牛乳でも飲んで養生しなければ駄目だと云った。そう云われるとこの頃どうも体が変だ。少し強く息をすると左の乳房のあたりが痛い。この間から気にしていた、肺が悪いのではないかしらと思った。

その日おばさんが面会に来た。

「どうだね。少しはよくなったかね」

おばさんはほんとうに見舞に来るのだか、早く出て働けと催促に来るのだか分ら

ない。

「治りが悪くて困ります。それに大変体が衰弱していると先生は云うんですよ。だから、牛乳でも飲まなければいけないと云うんですが、明日から届けさせて下さいませんか」

「そりゃ困りますね。あんたも馴染の所へでも云ってやって、お金でも貰って、養生でもしていればよかったのに……ほんとうにこの人は、いつまでたっても、意気地なしなんだから……」

と口をとがらしながら、たもとから、そっとリンゴを二ツ出した。

「清川さんが寄越したよ」

朋輩達は紙や脱脂綿などを下すった。

おばさんに対して怒りを押えていた私は、清川さんや朋輩の友情にホッとした。今更ながら、あの人達の厚い情《なさけ》に感謝させられた。

「おばさん、私も永《なが》入院しているんですから、もうこんな事をしないように云って下さいな」

と私は云った。おばさんが帰って、やや晴々しい気持になって室に帰って来て、リンゴを八ツに切って皆と分けて喰べた。

病院では果物を絶対に入れない。知らないで持って来ようものなら、門番が皆取り上げてしまう。それで、売店ではパイナップルや桃の缶詰なぞを売っている。パイナップル普通三十五銭のものを六十銭も取る。毒だと云われている蟹の缶詰、鮭の缶詰なぞも、法外の価《ね》で売り付ける。支那玉子の小さいのが一個十銭、外から持って来たものはなんでもいけない。入れないで取上げてしまう。そしては病院で高く売り付けようとしている。

　この頃、床の上に起られるようになってから、手紙を日に数通患者に書かせられる。どれもこれも馴染客の所へのお金の無心だ。客からは雑誌やお金なぞを送ってくる。また客が病院迄面会に来る事があるが、朋輩でさえ絶対に逢う事はできないし、親兄弟でさえも、よくよくでなければ逢う事は出来ないので、勿論《もちろん》客なぞに逢わせない。時によると、病院の窓下に来て屋上の高い所の患者と大きな声で話し合っている客もある。

　この日河内の花魁から色々の話を聞いた。大抵の楼では病院へ入院させないように、医者にわいろを使うのだそうだ。

「なんでもお金の世の中ね。だからね、少し位悪くても見逃して呉れるのよ。うちなんか、随分先生につかませるんですもの。妾は今度ばかりは横根だから仕方がないけれど。でも、うちの旦那はお金なんかにけちけちしないからいいわ」

　河内さんにそう云われると、なる程と思う。先生の取扱い方迄が異う気がする。

「長金花のしみったれ親爺」などと、私の顔を見さえすれば云う。道理で……。お金の力って恐ろしいものだ。今更感心する迄もないが。けれどそんな主人だからって、その主人の所にいる私達に迄あんな目付で睨《にら》めなくってもいいだろう。やっぱり、

「坊主憎けりゃ、けさまで」か。

もう三週間以上にもなるのに、傷がよくならない。片方はもう少しだけど、片方は仲々治りそうもない。先生は体を治さなければ手術した方も治らないと云っている。ばかに今日は気持がよい日だと思うと、夕方から悪くなったりする。なんだか、自分の身《からだ》は先生達の試験物にされているような気がしてならない。

患者達も、入院すると尚悪くなると云っている。それにもう永入院の人ではあるが、コシケで入院したのに、先生が変る度に色々変った薬をつけられるので、今度は子宮が悪くなって、もう三ケ月にもなるけれど、まだ出られそうもないと云っている人もある。そうした事を云っているものが他にも沢山ある。彼女達の病気に対して知識がないのか、ほんとうに試験物にしているのか。でたらめの治療なのか。

昨夜夜中に病院から逃げ出した一人の花魁があった。なんでも、仙台の人達だそうだ。この人達も永入院していた。そして今朝やっと連れ戻されて来たそうだ。

「主人があんまり酷い事をするし、病院さ入っても、永入院べいして思うようにならねえから、いまいましいから、一つおやじの奴、脅《おど》かすべえと思って逃げ出したんだが、捕ったから、仕方がねえ、帰りに蕎麦を喰って帰って来た」と云った。皆大騒ぎをしていた。

夜になると、看護婦やお婆《ば》さんが集って色々の話をしている。お婆さんは頻《しき》りに娘時代の事を話している。

「これでも鶯啼《うぐいすな》かせた事もね」

「お婆さんでも、そんなローマンスがあったの」と看護婦は口を出した。

看護婦達は、花魁が客の話でもしだしたら、どんなにか珍らしい話でも聞くように聞いている。毎晩のように、なにかにかこつけては遊びに来る。

それから、お婆さんは遅くまで、震災当時の話をした。

震災の時の吉原と云ったら、随分悲惨を極めたそうだ。患者はほとんど病院の中で死んだそうで、中でも、手術した人なぞは動けない人ばかりで、見殺しにしたようなものだ。

とお婆さんは云っていた。

病院では皆他から預っている人達だから、もし出してやって逃げられでもしたら病院の責任だ、と云って、閉め切って出さなかったそうだ。けれども二三人がはい出して来たので、そのお婆さんが一人を脊負《せお》って出て来たが、途中で煙《けむ》に包まれてしまったので、おっぽり出して逃げ出したそうだ。

「その花魁も死んだか生きたか」

私は、そうして平気で話をしているお婆さんの顔を暫くは眼から離されなかった。と急に二階がざわめき出して来た。花魁達はまた「病院の唄」を唄い出した。

彼女達は毎日――日に幾度も――この唄を合唱する。一日として欠かした事はない。病院の患者でこの歌を知らないものはない位だ。泣いて唄い、唄っては泣く、それは彼女等の日課なのだ。

人も知ったる吉原の
所は仲《なか》の町《ちょう》の病院で
両親揃《そ》ろうて居りながら
お側で看病は出来ぬとは
皆さん妾のふりを見て
憐《あわれ》や不憫《ふびん》と思召《おぼしめ》せ
よもやこんなになろうとは
夢更《ゆめさら》妾は知らなんだ

何日《いつ》の検査に出て見ても
　退院する日は更にない
無理のお上のお規則で
　病院住いは情ない
長い廊下も血の涙
　こうして暮すも親の為め
山中《やまなか》育ちの妾でも
　病院の南京飯喰べ厭《あ》きた
ここで妾が死んだなら
　両親様は嘆くだろう
遠い所《とこ》から逢《あい》に来た
　逢わしてお呉れよ院長さん
一に困るは紙煙草
　お内所《へや》で面倒は見て呉れぬ
自由にやつしたその髪も
　病院の中では乱れ髪
三度の食事は一度でも

胸につかえて下《さが》らない
蜂に刺された、、、でも
病院の検黴《けんばい》医者留めたがる
十五夜お月さんは丸く出る
病院の検黴医者角《ふく》に出る
七人兄弟ある中で
病院住《すまい》はわし一人
早く身請《みうけ》になったなら
こんな苦労はしやしない

……………………

……………………


この外科室に変り者が一人いた。分清楼《ぶんせいろう》から来ている花魁だった。

「おい長金花、治療室へヨードガーゼを盗みに行こうじゃないか」

と、男か女か分らないような口のきき方をして、自分が先に立って行く。云われるままに私も後からついて行った。

「よく見張りをしてなけりゃ駄目だぞ。大丈夫かい長金化」

見張りをしている私は気が気でなかった。そのうちに、「よしよしもう大丈夫だ」と云いながら懐《ふところ》をふくらませて出て来た。

こうして治療室のガーゼを失敬したのは今日が始めてではなかった。そしていつもそれを傷のある患者達に分けてやる。

「盗んだ薬は特別よくきく」

誰か一人こうした事を云うと、誰もかれもが信じて、皆んな彼女の所へ貰いに来た。

「俺が盗んで来るのは一番よくきくから試して見ろ」

盗んで来ては、そう云いながら皆んなに分けてやる。云う事は乱暴だが、患者達を自分の妹ででもあるかのように、親身になって世話をする。

「さあ、傷の人は来ないか、薬をつけてやるから。どうしたんだい梅吉楼に稲盛楼《いなせいろう》は……皆んな寝る時は塩湯《しおゆ》を呑んで寝るんだよ」

朝から晩まで面倒を見てやっている。患者達が先生やおばさん達に酷い扱いをされると、自分の事のように怒って、遠慮なしにびしびしやり込める。だから先生やおばさんや看護婦達には毛虫のように嫌われている。

二三日前だった。手術したばかりの花魁が小水がどうしても出ないので、看護婦を呼んで管で取って貰っていたところ、ひょっとした拍子で看護婦の手に小水がかかった。

「おお汚い」

そう云いながら看護婦が顔をしかめると、傍で見ていた彼女は、

「なにが汚ないんだい？　なんのために看護婦をしてるんだ。もっと人病人で、これがもし大便だったらどうする。汚ないから厭ですと云えるか？　馬鹿にするない。商売してたって人間に変りはないんだよ」

と呶鳴りつけた。看護婦は口惜しそうな顔をしたがそこそこ出て行ってしまった。彼女はこんな風に親切な人であるが、誰の名前でも呼びすてにするので、患者達は厭がっていた。今年二十八だが、少しも落付きのない人で、始終方々の部屋へ飛び廻っていた。

「面会に来ても、手紙が来ても、いちいち探さなければならないんだからほんとに困りますよ。少し一処《ひとところ》に落着いて居たらいいでしょう。それに、もう少しで横根を手術するのにそんなに飛び廻っていると先生に叱られますよ」

いつもお婆さんに云われるが、

「何処《どこ》へ行こうと自分の勝手だ。なに云ってるんだい」

そう云って少しもおばさんの云う事なぞはきかなかった。そんな風なので、

「きかない花魁」と病院中では評判になった。

彼女はこんな境遇に身を落してから十年にもなるというが、継母《ままはは》にせびられ通しでいつ迄たっても足が洗えないのだそうである。

「くよくよしたって仕方がない。俺なんかこうして一生騒ぎ廻って暮すんさ。呑気にね、がらの悪い遊び人ばかり相手にして暮す位が関の山だ」

と彼女はいつも云っていた。


やはり、この外科室で、手術を受けた患者を看病してやっていた、オチョコさんと皆から呼ばれていた花魁があった。

まだ田舎から出て来たばかりで何にも知らない。

皆に色々教わっている所を見ると涙が出る程いじらしくなる。お見世へ出されてから僅《わずか》五日しか働かないが、横根の手術をしなければならなかったそうだ。この人は岐阜県の養老郡《ようろうごおり》から来たそうで、父はこの人が生れた時死んでしまい、母は生れたばかりのこの人を打捨《うっちゃ》って何処へか行ってしまったので、伯父さんの家に貰われたそうだ。尋常小学を卒業すると暫く百姓の手伝いをして田や畑へ出ていたが、伯父さんは自分の娘を女学校に入れる為に、このオチョコさんを売ったのだそうである。そして、この花魁は云っている。自分は今迄育てて貰ったのだし、伯父さんが拝む様に頼むものだから、厭だと云う訳には行かなかった。厭だと云えば恩知らず、人情知らずと叱られる。それに、自分はあんな山の中で、一寸も斯《こ》んな所の話は聞いていなかったし、また何《ど》んな事をする所であるかも知らなかったので承知した。周旋屋《しゆうせんや》もここへ連れて来るまで、只よい着物を着て楽をしていられるとしか云わない。自分は村長の娘だって着られない錦紗《きんしや》の着物を不断《ふだん》着られるなどと云われたから喜んで来た。

ここへ来たときには、綺麗な姉さんが沢山居るし、家を見ればまるで、宿屋の様に大きく立派なので、只驚いてしまった。そして、ここで初めて、こうした様子を聞いて自分は驚いて家へ帰ろうとしたが、もうお金は沢山借りてしまったのだから、警察で許さないと散々おばさんや周旋屋に云われた。仕方なく自分は死んだつもりで何うにでもなろうと云う気になったと、その花魁は泣き乍《なが》ら話しつづけた。そして、初めて店へ出た夜の恐ろしかった事を話した。

お客の側へ行ったらどんな事を云っても厭だなぞと云ってはいけない。とおばさんに云われた。部屋に入ると客が、、、、、、、、、、、、、、、、、、、、、、、、、、今度は再び小母さんに、、、、、、、、、、、、、、、、、、、、、。

「何でもお客さんの云う事をきけば他の姉さん達のように、裏も返るし、早く家へも帰れる。あんたのような事では、一生家へは帰れない」とおばさんや他の人々から云われた。

「わしのほんとのおっかさんは、何うしてわしをあんな伯父さんの所へ打捨って、何処かへ行っちゃったんだげな。そんなおっかさんの事を考えると、ほんに恨めしい。わしを打捨ってこんな思いをさせるような親の事なんか考えまいと思うけんど、それでも生きてると思えば、何につけても思い出す。わしはどうせ国へは帰されないから、仕方がない、なんぼでもいいから年《ねん》が明けるまで、あの楼へは帰らないで、こうして病院にいた方が余《よ》っ程《ぽど》いい……」

と火鉢にうつぷしてしまった。

なんと云う哀れな私達であろう。悲惨であろう。嘆き悲しみ泣き狂ってもまだ足りない。

可哀想な私達がどうしてこう苦しみを重ねねばならないのかしら。野犬はお上での力で撲殺の浮目を食うけれど、いっその事、そんなにこうした私達を苦しめるなら一思いに撲殺して呉れたら……。

# 崩れんとする吉原

千代駒《ちよこま》さんが廓《くるわ》を脱出して下さいました。

私は彼女の脱出の事情、模様、それに私の出た後の吉原の変化や、私の前著『光明に芽ぐむ日』を廓でどう見ているかというような事などを書きたいと思いました。幸い千代駒さんの手紙で大体は解《わか》るだろうと思いますので、脱出前《ぜん》に頂いた中《うち》の四通と脱出の後《のち》に頂いた一通とを左に載せて頂く事にしました。

私はこれを読み返す度に、生活に眼醒めようとする人達の、惨虐な制度への反抗が、たとい小さいながらも、うずまき初めた事を知りまして、異様な興奮を覚えるので御座います。

# 地獄で仏

妾《わたし》は誰れからとも無く、光子さんの出した本『光明に芽ぐむ日』とやらを聞きました。

妾は何とかして他の人に知らせないように見たいと常に心がけて居ました。

ある晩の事でした。店が付いて間もなく、「お客さん」と云う声、誰れかと思って見たら、若い男で手に小さい小包をさげて、とんとんと梯子《はしご》を上って行きました。間もなく、小母さんが下りて来て、

「千代駒《ちよこま》さんの花魁《おいらん》、お名指しです」

と言われて妾は、

「今上った方？」

「ええそうです。なるべく早くいらしって下さい」

そう言われたので、妾は支度もそこそこに引付《ひきつけ》へ入って行きました。何故ならば、お名指しと云われたので、一寸《ちよつと》好奇心とでも云うのか、そうした気持が有ったのです。

行って見ると全然、覚えない人でした。相変らずの素気《そつけ》のない妾でしょう。

「入《い》らっしゃい」とも何とも云わずに、変な気持で、その人の側《そば》に坐ったのでした。

「貴女《あなた》が千代駒さんと云うのですか」

「ええそうです。千代駒です」

妾は、改ったこの質問に一寸驚かされたのでした。そしてその云い方が、こうした所に来る男と全然違ってるので、なんだろうと不思議に思われたのです。

そして、その人の服装を見れば、お召錦紗《めしきんしや》とでも云うような物を、おついに着て角帯をしめて居ました。年の頃は二十三四でしたね。

お婆《ば》さんは例の通り、なるたけ多くの玉《ぎよく》を付けさせ度《た》いと、一生懸命ねだって居ました。

「ね、貴方、一時間と仰有《おつしや》らず、もう少しごゆっくりして、部屋へでもいらしったら如何《いかが》ですか。気分も違いますよ。ね、花魁」と私に誘いかけました。

また例のが始ったと思いながら、私はだまって素気の無い顔をして居ました。

「一時間で沢山だ。なんだ、そんなに取る事ばかり考えるな。だからこう云う所の婆《ばばあ》は大嫌《だいきらい》だと云うのだ。……」

と云いながら、いきなり一時間の玉を投げつける様《よう》に机の上に置いたのでした。その気勢にお婆さんは驚いたらしく、いえ私もびっくりしました。それは余りに、私に対する態度とお婆さんに対するそれとは似ても似つかない人のようだったからです。

そして私も「一時間でたく山だ」と云うその言葉に例のまけず嫌いが、ムラムラとおこって来たので、

「お婆さん、こんな所へお出《いで》になる方は、一時間のお金も惜しいのでしょう。それだのに部屋なんかを、おすすめしたって仕方が有りません。何《ど》うせ一時間二円で買われる妾ですもの。成《な》る丈《た》けなら数多く方々《ほうぼう》で遊んだ方がいいでしょうよ」

するとその客は私の顔をチラと見て、

「あなた、千代駒さんでしょう」

「ええそうです。千代駒ですよ。偽物では有りませんから、大丈夫です」

さっきから癪《しゃく》に障《さわ》っていた私はこのしつこい二度目の質問に、思わず知らずこう云ってしまいました。

お婆さんは、お客と私の権幕《けんまく》にいささか驚いたらしく、一時間の玉を不精無精に

持ち去ったのを待ち兼ねた様に客は、改まった調子で、

「千代駒さん、僕のここへ来る迄想像して居たあなたと、今のあなたとは、全然違って居ますね」

一だんと声をひそめ、そして力を入れて、

「貴女は春駒さんを知って居ますか」

私はこの問いに少なからず驚きました。何《な》んかさっきから仔細の有りそうな人とは思ったが、まさか春駒さんの事を聞かれるとは思って居なかったのでした。それと同時に、手にして居た小包が何物であるか直覚的に考えられました。そう思うと、何んとなく、恥かしく、何時もの私の例でビシビシやって退《の》けた事が惜《おし》まれてならないのでした。

そしてあわてて、

「ええ知って居ります。知って居ます所では有りません。春駒さんは、寝てもさめても、忘れる事の出来ない、たった一人の親友ですもの、どうして知らずに居るものですか」

と云ったものの何んと無く、涙ぐましくなって来た自分を見られまいと、

「何か春駒さんに付いて変った事でもあるのですか」

「ええ実は、それがあなたに伺い度くて来たのです。兎《と》に角《かく》ここではお話しも出来

ませんね」

「今、あちらへ行ってからゆっくりお話しを伺いましょう」

そこへ丁度《ちょうど》お婆さんが、

「花魁、お待遠うさま、十一番です」

この声を聞いて私は立上《たちあが》り、

「さ、あちらへ参りましょう」

部屋へ入ってからその人は敷かれてあった床を、かしわに折ってしまい、そして私に、

「あなた、寒くありませんか。でも一寸の間ですから我慢して下さい。そして僕のたずねる事に答えて頂き度いのです」

私はしかけを着かえに行かずそこに、坐らなければならなかったのです。

「千代駒さん、僕はね、あなたを『光明に芽ぐむ日』によって知って今夜ここへ来たのです。それに付き色々あなたに伺い度いと思い、またあなたに聞くのが、一番よく解《わか》る事と思って来たのです」

その人の態度が余りに、固苦しいので自分迄、知らず知らずの内、何と無く改まってしまいました。

「先程は失礼致しました。妾《わたくし》で解る事なら何でもお答え致しますわ」

「さっき、あなたは、僕に対して何か反感を抱いて居る様に見えましたね」

「ええ妾は、一寸した事が気に成る性分で、何んでも自分の感情のままに、言ってしまうのです。本当に妾の様でも困りますわ」

「なんだかあなたと云う人が、僕には色々に思われるのです。見ない内に想像していたあなたとさっきの態度のあなたと、今のあなたとは、まるで別人のようですね。それはそうと、僕はあなたに逢えば、自然と森さんの本当の気持や色々な事が分るだろうと思って来たのです。今あなたのお話を聞いて、森さんの性質も大分想像出来るように成りました。この本はね……」

と云いながら、例の小包を開いて、一冊の本を取り出して、

「『光明に芽ぐむ日』これは森さんの今度出した本です。あなた読みましたか」

それには、見覚えの有る、片時も忘れる事の出来ない光子さん、貴女の筆跡が第一番に私の眼を射らずには居なかったのです。

妾は思わず、知らず、

「ええまだ読みませんの。でもこの本が出たと云う事を聞きましたので、是非買って見ようと思って居た処なのです」

「そうですか。僕はね、この本を読んで本当に、痛切に、考えさせられました。全く、こう云う社会の醜い、惨酷な半面をまざまざ見せつけられたような気がしまし

たね。

　こういう事をあなたの前で言い度《たく》は無いのですが、でも今日は、これを云いに来たのですから許して下さい。こう云う事を言えばあなたを侮辱して居るように聞えますが、決してあなた自身を、侮辱して居るのでは無いと云う事を知って下さい。そして僕の心も聞いて頂き度いのです」

「ええ妾、あなたの御心持《おこころもち》をよく理解する事が出来るようです、今になって……。さっきお婆さんに対してのあなたの態度から、妾に対するあなたの態度を考えて、本当によく理解出来ましたわ」

「ああそうですか。僕もね、やっと僕の想像して居た貴女に逢う事が出来たような気がするのですよ。森さんがあの本を本当に自分で書いたのでしょうか。それが聞き度いのです。こう云うと何だか、疑って居るようですが決してそうではないのです。僕はあの本に少なからず感動させられたのです。そして是非確め度いのです」

　私はこの方の気持が単に浮れ男のそれでないと云う事がますます信じられて来たのです。

「兎に角、内容を拝見させて下さいませんか。まだ一度も読みませんから」

「ああそうですね。僕も随分あわてて居ましたね。本も読まないあなたに聞くなんて……」

と笑いながら、本を出しました。私は取り上るより早く、頁《ページ》をめくりました。私の嬉さはどんなだったでしょう。光子さんに逢っているような気がしてなりませんでした。そして側目《わきめ》もふらずに読んでいましたが早く返事をして欲しいというように待っているその客の事を気付き、

「え、そうです、春駒さんが自身で書いたのです」といいました。客は今度は、

「そうですか、感心しました。それを聞いて尚更《なおさら》嬉しくなります。そして、ここを是非、あなたに読んで頂き度いのです」と頁をくって、

第四百十四ページを開いて私に見せましたの。

それは貴女が脱出する時、私に対しての無言の悲しい別れが書いて有る所でした。私はむさぼるようにそこを読みました。幾度も幾度も。次のような事が書いて有ったでしょう。

「これで、この人共永久のお別れになるかも知れない。いやなるのだ。たとい不運にして連れもどされても、その時は生きた私では無い。生きて居るとしてもここへは帰って来ない私だ。千代駒さん。さようなら。御機嫌よう。あなたには随分お世話になった。喜びにつけ、悲しいにつけ、二人は一緒でしたね。また一人苦しい時でも、二人で分けて苦しんだわね。私には無ければならなかったあなたでした。あなたとは死迄契《ちか》った。それだのに私は、今一人で逃れ出るのです。あ

なたはきっと私を責《せめ》るでしょう。恨むに違いない。義理人情知らずの人でなしと罵《のの》しるかも知りません。それは心からおわびしなければなりません。けれども、そうしたあなたに背いて、一人逃《に》げ去る私の心持は今にきっと分る時がきます。何《ど》うぞお許し下さいね」

こう書いて有りましたね。私はこれを読んだ時に知らず知らずの内に冷いものが頬に伝わって居ました。嬉しいような、情《なさけ》ないような、悲しいような、云い知れない、感情が私の心にみちたのでした。

「妾はね、光子さんが、ああなっても決して恨むなんて気持が起きません。かえって出た後のあの人の生活が心配でたまらなかった位ですもの。恨むなんて気持はみじんもないのです。去って行かれた私が、少しでもあの人に対して恨む気持が有ったならば、こんなに苦しい毎日を過さなくてもよいでしょう。何故《なにゆえ》自分はこうなのかしら、と常に余り意気地ない自分が腹立たしくもなって居る位です」

とその方に訴えるように告げたのですの。

その方も、妾のこうした言葉に同情して下さったのか、やっぱり眼の中に涙が宿って居たようです。そして、

「実際ね、この本で読んでも、あなたと、森さんとの仲はどんなに親しかったかと云う事を想像されない人は無いでしょう。あなたも何故出なかったのです」

妾を責めるかのように、力を入れて、こう云ったのです。でも私はこの言葉に対して何んともお答えする事が出来なかったのです。

光子さん、この時の私の心を察して下さるでしょうね。

「僕はね。こう云う社会に、本当に足をふみ入れるもので無いと思いました。あなた方大勢のこうした苦しい生活を知りながら、何うして来られるものですか。こんな事を云うと、口ばかりの奴だと思うかも知れませんが……。

いや僕にもそう思われるのです。けれどもこう云う気持に一寸でも成り得た自分が嬉しいような気もするんですよ。僕はね、この本を読んでから、あなた方を真から の同情を持って見る事が出来るようになったのです。実際ですよ。これに反して楼主、婆に対する僕の気持が憎しみを重ねるばかりです。だから、つい、さっきのようにあんなに婆に、（この人は婆、婆とさも憎らしそうに言うのでした）言ってやったんですよ。その為めにあなたにすっかり誤解されたんで全く閉口してしまいましたよ。でも今度はよく解って下さるでしょう」

妾はこの時思ったのでした。何の関係もないこの方が、私達の悲惨な境遇にこれ程迄同情して下さる事を何んと云って感謝してよいか、本当に有難く思いました。親でさえ、また兄弟でも、自分達の娘や妹がこうした所に日夜苦しんで居る事を知りつつも、自分だけよければ、自分の娘が妹が、どんなに苦しんでもよいと思って居る親や兄弟達に比較して、自分がこの人の前に対しても、恥かしいような、情けないような気持に成らずには居られませんでした。

常に強情で負ず嫌いな涙一滴も人に見られる事の大嫌な私も、この時ばかりは、さめざめと泣き伏しました。

「千代駒さん。そんなに何故泣くのです。僕の言った言葉を本当に分って、泣いて呉《く》れるのですか、それ共、何か気に障ったのですか」と慰めるようにやさしく尋ねられた妾は、

「いいえ、初めてお目に掛った貴方がそれ程迄に思って下さるかと思うと、何と言って感謝してよいのか、分らないのですの。

もし私の兄弟が貴方のそのお心持の半分でもあったら、こうして苦しみをしなくてもすんだでしょうと思いますの、そうした貴方のその暖いお心と兄弟達の心と引きくらべて、つい悲しくなってしまいましたの」

こう言ってから、妾は色々光子さんの事をすっかり話しましたの。また本の事も皆事実だと話しました。そして、妾の気持もすっかり話しました。この方は、しばらくジッと私の云う事を聞いて居ましたが、

「ね、あなた、あなたは、今迄にそうした気持を、持って居ながら、何故一日でもここに居るのです。僕はね、こんな事をおすすめする資格はないかも知れません。

けれどもそれは是非聞いて頂さ度いと思いますね。こんな社会にあなたが、甘んじて居るのでなければ、今すぐでも出て貰い度いと思います。こう云えば普通の人だったら、それだけの同情があるなら、立派に身うけでもして上げたらと思うでしょう。僕自身でもそう思う事さえあるのですものね。でもあなたが見る通り、僕はまだ、そんな余裕の有る男でもないのです。また有るとしても、現在の僕の気持だったら、どんなに僕の恋して居る女でも、金は出しませんよ。そして立派にここから出して見せるのです。あなたもどうか、生意気を云う男と思わずに、一日も早くこうした所から出て貰い度いと思うのです。無理におすすめするのでは有りません。僕としたら、無理にでもおすすめしたいのですが。寧《むし》ろお願いしたいのです。けれどどこんな事は人にいくら言われても、罵られても、自分が本当に目覚《めざめ》なければ仕方がない事ですけれどもね。……」

とホッと嘆息《たんそく》をつくように言いました。

妾はこの時、泌々《しみじみ》思いました。何と云う意気地ない妾だろうか。自分は常に苦しい苦しいと思いつつも、今日が日迄脱出すると云う事を本当に心から定《さだま》って居ないのが訳もなく腹立しくなって来ました。そしてこの方は、妾の事を何と思っていらっしゃるだろう。光子さんという、本当に何よりも私の力だった貴女が迯《のが》れ出て、幸福にめぐまれて居る友を持ちながら、今だに居残っている私のこのあさましいしかけ姿の私を見るこの方の気持は、どんなでしょう。私だって決して、甘んじて居る訳ではない、出る事が恐ろしくて居るのでも無い。出たい、出たいの気持が有りながら出られない自分が、憐《あわれ》にも見え、そして、情なくもなって来るのでした。

「今迄に随分数限りの無いお客は来ましたが、その人達は、みんな妾の歓心を買おうとして、お金をきっと作って、お前を出してやると印《はん》で捺《お》したように言うのです。でも一人として私のほんとうの心を知ってくれる人も無ければ、また同情もない人達で、否《いな》野獣のような人達ばかりでした。……私も、きっと、今に貴方のお心に叶うような女に成る時機が近々《きんきん》に有るでしょう。それ迄は、妾は何事も言いません。人間は自分のしようと思う事でも、出来ない場合がいくらも有るのですもの。まして私など、昨年《さくねん》の暮頃から心掛けて居る事が出来ずに、未だに惨《みじ》めな姿をさらして居る妾ですもの」

「あなたの心持が、僕には本当によく分りました。と同時に、森氏の（森氏と言ったので妾は一寸変に思いました。貴女が森氏に成ったのかと思うと嬉しくも成って来ました）平生の生活、また『光明に芽ぐむ日』を書いた気持もよく解りました。有難う。寒かったでしょう。僕は、あなたの幸福な生活の出来る日をかげながら待って居ます。

何うかこの僕に、失望させないで下さい。この本は、僕はもう読みましたから、読みさしで失礼ですが置いて行きます。また森氏の住所が知れたら是非、お知らせ下さい」

と云って名刺を置いて帰りました。

この日の妾の気持は、今申上げませんが光子さんは、分って下さるでしょうね。光子さん、あの『光明に芽ぐむ日』をその方が帰ってから、妾は光子さんを抱くようにして確《しっか》り何時《いつ》迄も何時迄も抱きしめて居りましたわ。

そしてその日から二三日過ぎた夜《よ》この方が手紙を下さいました。その手紙には、貴女の住所は未だ知れないかとの、お尋ねでした。勿論《もちろん》私は知らないのですもの、まだその当時はね。ですからその通りにお答えしなければならなかったのでした。あの『光明に芽ぐむ日』を読《よん》だ私には本当に妾達《わたしたち》娼妓の苦しさ、そしてこうした醜い廓《くるわ》の生活の内幕がさらけ出されて居る事がよく解ります。これを読んだ多くの人々は必ず驚くでしょう。

でもよく書いて下さいましたね。私は光子さんが、白蓮《びゃくれん》さんの所へ救《すくい》を求めて、この廓の事をすっかり白蓮さんにお話し申上げて、白蓮様に書いて頂くつもりだと思っていました。それが、光了さん自身が書くようになったのですもの。妾だって驚かずにいられません。このごろの妾は嬉しさと光子さん懐しさで興奮ばかりしています。

# 遊蕩学生の醜態

光子さん。

その後の事です。ある夜、学生が上りました。それがこういうのです。

「『光明に芽ぐむ日』の中に千代駒《ちよこま》さんという花魁《おいらん》が、張店《はりみせ》の大勢の中から見立替されたというから、どんなよい女かしらと思って見に来た」そして、

「早稲田の安部先生がこの本を涙が出て三分の一以上読む事が出来なかった。というが、僕は寧《むし》ろ面白く読んだね」と云いました。だから妾《わたし》云ってやりました。

「あなたみたいに、こんな所へ来る者はそうでしょうよ。妾達の生活が面白いでしょうよ。あなた方お坊ちゃんには妾達の生活なんか分らないでしょう」

そしたら、てれていたけど、すぐまた、

「この本は実際森さんが書いたのかね」

「ええ勿論《もちろん》ですとも、いくら花魁だって、そうそう馬鹿《ばか》にしないで下さい」と云ってやりました。妾の友達が本を書いた、何だか誇りたい気持で一杯でした。

「フーム感心だな……。千代駒さんはほめて書かれていますか、何《ど》うです」

と聞きました。

「見れば分るでしょう。けれど特別にこの人はよく書かなければならないと云う訳はないでしょう。本を書くなんてそんなものじゃないでしょう」

「君は仲々話せるね。しかし、ほんとに君を蹴落《けおと》して書いてあるよ」

「本だから、蹴落す事もあるでしょうよ、そんな事も立派な材料じゃありませんか」

「ウム仲々やるね。一体君は何処《どこ》が君を蹴落してるか分るかい」

「ここでしょうよ」と妾は余り腹が立ったから頁《ページ》をめくって見せてやったの。光子さん、それが何処だかあなたはお分りでしょうね。あそこは、ここの花魁の事を意味しているんでしょう。妾はああ書かれても、妾の事を云っているんじゃないと思っていますの。妾の事は一番あなたが分って下さっているんですものね。そしたら学生はね、

「ああそうだ、君は感心だ」と云いました。

まるで、こんな所に居る女は何にも分らない、知らないと思っているんですから

ね。

「え、大きな事を云うようですがね。それ位は分りますよ。人が感心する所は花魁だって感心しますよ。血も涙も持っていますからね、いくら花魁だって。却ってあなたなんか、そこへ行くと血も涙もないんでしょう。失礼ですが、この本を読んで面白かったなんて……」

こう云ってやりました。後で少し過ぎたと思ったけど、癪《しゃく》に障《さわ》っていたんですもの。この学生の奴、いやに横柄でね、自分ばかり何でも知っているつもりでいるんでしょう。この本で一つ千代駒を冷かしてやれなんて来たんでしょう。妾のこの気象でしょう。彼も意外に思ったでしょうよ。そしたら、

「この本には村田さんを偉そうに書いてあるね。この人は春駒さんの愛人だろう。愛人らしい書き振りだもの。君といくら仲よくしていても、矢張り愛人の方がいいから、こう書くんだよ。ここでそれを証明している」

「愛人なんてありますか、こんな所に居る女に。男はみんな獣だと思っているんですもの。そして、その村田と云う人は妾達の為に色々よい事をいって下さったのよ。春駒さんだって、あの人には色々教えて貰ったのですからその通りに書くのは当り前でしょう。よい人をよい、悪い人を悪いと書くのは当然でしょう。それでなけりゃ本の値打がありませんわ。清川《きよかわ》さんの事だって、あんなに悪く書いてあるんでし

ょう。けれど、随分あの人は友情がありますよ。そりゃ友達によくしますよ。けど一度稼業につくとなると、まるっきり異《ちが》うんですもの」

こう云ってやりました。こんな所へ来る学生なんて駄目ですね。もうグーの音《ね》も出なくなったのです。妾も気の毒にもなったけれども。その学生は暫《しばら》く考えていましたが、

「なる程、君は偉いな、感心だ、僕なんかそこへ行くと駄目だな」なんて云っていました。そして、暫らく考えているようでしたが、

「君は席順は今何番だい。あの本に随分下の方に書いてあったっけが」

「何番だか、見てくりゃ分るでしょう」と妾云ってやったの。そしたら、態《わざ》々《わざ》見に行きました。やりて部屋までね。いくら物好きだってね。そしたら、

「なんだ五枚目じゃないか」というのです。だから私また、

「案外、あなたも馬鹿ね。こんな水商売だもの、上《あが》り下《さが》りはあるでしょう。そんな事、当り前でしょう。態々やりて部屋迄見に行くなんてあなたもよっぽど、どうかしていますね」と云ってやりました。そしたら、

「随分君も酷《ひど》いね。なる程、君は本に書いてある通り、客を少しも念頭に置いてないね。僕も散々遊んだけど、君みたいな女に逢ったのは初めてだよ」

と苦笑していました。

# 腕は細くも

光子さん、『光明に芽ぐむ日』の事で、
清川《きよかわ》さんが大変怒っています。それはそれはプンプンしています。

「妾《わたし》、書いてやるわ。春駒さんだって、云われたら、口の開《あ》かれない事もしたくせに、人をこんなに書くなんて、いいわ、書いてやるから」と云って仲《なか》どんに、原稿紙を買いにやりました。妾、可笑《おか》しくて、可笑しくてたまりませんでした。

「書いて何《ど》うするの」

「本屋へ言ってやるのよ。うんと云ってやるから」

と云いました。だから妾は、

「ねえ清川さん、お止《よ》しなさいよ。何もあなたの悪口ばかりじゃないんですもの。妾の事だって随分酷《ひど》く書いてあるでしょう。けれどもこういう所の事をあからさまに書くのがあの本の使命なんでしょう。春駒さんは、妾達の為を思えばこそ、書くんですよ。あの人の身になって御覧なさい。何も自分の友達の悪口を書きたくって、そして苦しめてやろうなんて書くんじゃないでしょう」となだめたけれど、駄目でした。怒っているのよ。そして何か書いてるようだったけれど、書きやしません。書かれないんですもの。

けれど、あの本に清川さんが、蜜柑《みかん》の代《だい》を妾の名につけて置けって仲どんに云った事が出ていますね、妾もまた考え出して、清川さんに怒ったのよ。そしたら、「妾、そんな事あったかしら」なんてとぼけていました。

あの人にはまだ見せません。見せろ見せろって云うのですけど、あんまりあの人の事を悪く書いてあるんですもの。今迄あの本を読んだのは妾と羽衣《はごろも》さんだけです。羽衣さんは、

「妾、春駒さんに悪口を云われる道理がないわ」と怒っていましたわ。ほらあの人の事も書いたでしょう。

鶴子《つるこ》（楼主の娘）さんもまだ見ません。妾に、貸して呉《く》れと云うけれども、いけないと思って貸して上げなかったのです。

弥生《やよい》さんは字が読めないでしょう。だから、妾に読んできかせろ、と云うので、ちょいちょい読んできかせています。

昨晩ね、あの本を張店《はりみせ》へ持って来て、読んでいました。花魁《おいらん》達が見せろ——というから、じゃ妾が読むからって。読んできかせました。

少将《しょうしょう》さんが、あのおやじが金庫にかじり付いている所を読めって云うから、読みました。御内所《ごないしょ》に聞える様にわざと大声立てて。

「『——頭《かしら》、そんな女なんかはどうでもいいから、俺を早く助けて呉れ。女なんか少し損すればいいんだから……そんなものはうっちゃっておいて、俺を助けて呉れ、金はいくらでも出すから……』と手を合せて拝んだけれども——」

そこまで読むと、花魁全部が大声立てて、はやし立てました。キャッキャッってね。あんな騒ぎは今迄になかったのです、そしたらお婆《ば》さんが二階から下りて来て、「ねえ千代駒《ちよこま》さん、読むのもよいけど、今少し低い声で読んで下さいよ。御内所へ聞えると悪いから……」

と云ったけど、何、かまうものかと思いまして、

「でもお婆さん、本は読む為に書いてあるんでしょう。読んでいけないなら、お上《かみ》で許さないでしょう。妾達花魁だからって、読んでいけない訳がないじゃありませんか」

といって、かまわず、読み続けました。

お婆さんはとても光子さんを憎らしがっていますよ。だから、妾は態《わざ》と、後で二

階へ上って行って、

「ねえ、お婆さん、読んできかして上げましょうか」

「おう、厭《いや》だ、まっぴらだ」

といって逃げ出してしまいました。

光子さんが、この前「婦女界」に出したとき、「おばさんは土方の親分みたいに威張っている」と書いてあったでしょう。あれを読んできかしたら、随分怒っていました。

「春駒さんをあんなによく見てやったのに、土方の親分だなんて」と言って泣きだしました。

妾、そのとき可笑しいもんだから、クスクス笑いながら読んでいたら、今度は妾に、「人が口惜《くや》しがっているのに、笑っているなんて」とプンプン怒っていました。だから、妾、またこの『光明に芽ぐむ日』で怒らしてやろうと思って読もうとしたら、また悪口でも書かれてあるかしらと思ったのでしょう、部屋から耳をふさぎながら出て行ってしまいました。

光子さんはよく覚えていると皆云っています。この頃はこの話で持ち切りです。

光子さん。花魁の悪口や批評を書くのもよいでしょうが、もっともっと大きな事がありゃしないかしら。たとえば借金の利子を取る事なぞを書いてやったらよいと思いますのよ。それから、廃業する時食料を取る事などもね。

弥生さんはこの暮に勘定が出来なくて、また年長しましたの。百円で一年です。若い娘が、百円で一年縛られるのです。それも、こうした醜い、浅ましい稼業を強《し》いられながら。こんな事も書いてやる必要があるでしょう。

この間、万竜《まんりゆう》さんは小浜《こはま》の羽織を客に盗まれました。また清川さんは客に畳を切られて七円べんしょうしました。廻らないと云って怒って切ったらしいのです。壮士風の男でした。切った畳の上に蒲団を被せて行ったもんですから、朝迄分りませんでした。こんな事もべんしょうさせる主人を憎まずにはいられません。だから花魁だって、客から、絞れるだけ絞れ、欺《だま》かせと云う気持になるんでしょう。

楼主が自分の弟から取り寄せた反物を高価で売り付ける事や、廓《くるわ》の商人の暴利をむさぼる事や、廓に働いている人達が花魁の買物で儲ける事や、など沢山ありましょう。けれどもこの頃は夕御飯におかずがつくようになりました。それだって、のどを通るようなものじゃありませんが、とも角それだけでもよくなったでしょう。『光明に芽ぐむ日』に娼妓《しようぎ》の印《いん》の事がありましたが楼主も参ったと見えて、今度は本人に勘定帳を見せて、一々印《はん》を押させせます。けれども印は相変らず御内所でしまって置きます。

光子さん。それから、あなたは、花魁の客のだまし方なぞの内幕をすっぱぬきましたね。それがこの本の使命なら、致し方はないけれど、花魁達は大弱りです。それで大変怒っています。あなたを恨んでいます。

「春駒さんは酷いね、いくらなんでも、こんな事迄書くなんて。こんな事を書いちゃ、客は来なくなるね。おやじの事なんかうんと書いてやってもいいけれど」と皆、あなたの悪口を言っています。ことに清川さんは気の毒です。あの本を読んだと云って、妾の所に来た人は十人ばかりありますのに、あの人の所には一人も来ません。あの人の悪口がたたったんでしょう。妾は光子さんも知ってるように、客なんか問題にしませんから、よいけど、清川さんはそれを一番大切にしているんですからね。可哀想です。よし悪《あし》は別ですが。

昨晩は、電話で、『光明に芽ぐむ日』の事について云って来た人がありますの。「あなたは、千代駒さんですか。まだお目にかかりませんけれど、私はあなたのお友達の森光子さんのあらわした、『光明に芽ぐむ日』についてあなたにお目にかかって、色々伺いたいと思いますが、いかがでしょうか」とそれは丁寧なききっぷりをして云いました。

そして、二三日中に行きますと云ったの、けれども、いくら客が来たって、光子さんの今の幸福に比べて……、ねえ光子さん、妾の心を察して下さい。ではまた書きます。

# 忍従から反抗へ（娼妓のストライキ）

光子さん、

あなたに是非知らせたい事がここに起りました。今度何かに書いて下さいね。

十二月二十五日から、一週間は御大喪《ごたいそう》*でしょう。廓《くるわ》はどこも休みなのでした。けれどもここの親爺は休ませなかったのです。けれどもいくら何でも世間体を少しはばかったのでしょう。その夜からしかけは着せずに小浜《こはま》の着物を着せて見世《みせ》へ出ろと申したのです。妾《わたし》は怒り出しました。そして少将《しょうしょう》さんと相談して皆んなで一緒に休む事にしました。そして見世のつく時間が来ても下へ降りずにやりて部屋で遊んでいました。案の定、楼主は怒り出しました。そしてお婆《ば》さんをどなっている声が二階まで響いて来たのです。花魁《おいらん》達は、クスクス笑いながら、おやじはどうするだろうと思っていました。お婆さんは仲に入って大変弱っていましたし番頭も皆んな上って来て見世へ出ろと申しましたが、誰も下りませんでした。「今日はどこでも休みなんだのに、ここばかり出させるのは酷《ひど》いよ。いくら主人だってそう無理な事はできないよ。妾等《わたしたち》は何にも知らないと思うと間違いだよ。誰が出るもんか」

こう少将さんはきっぱり大きな声で言いました。それでおやじも我を折ったらしいのです。

けれども例の清川《きよかわ》さんは真先になって出ました。出たのは十四人の内三人でした。清川さんを先頭に小浜《こはま》さん、松子《まつこ》さん、この三人は楼主に忠義立《だて》をしたのです。妾は随分清川さんに言ってやったのにやっぱり駄目でした。

そして五日間、同盟罷業《どうめいひぎょう》しました。楼主も手のつけようがなくて、ブツブツ言ってるばかりでした。

同盟罷業を一度やって成功したものですから、みんなは急に気が大きくなったようです。

今度は見世のつく時間が余りに早いから、みんなで六時迄には出ない事にしようと相談しました。そしてある晩、六時になっても見世に集《あつま》らないので、番頭とお婆さんがどなって来ました。

「これからは妾達は八時でなけりゃ見世に集らないから……」と妾はきっぱり言いました。楼主は、花魁達がそんな風ならこちらにも覚悟があるからとおどかしましたが、皆どうしても集りませんでした。そして結局七時に見世をつける事に決めてしまいました。

その後も公休日の問題でまたやったのよ。公休日には吉原の大抵の見世では皆一緒に休ませるんでしょう。それだのにここでは、甲組、乙組と替り替りに休ませるようにして置くのに不平があったのです。光子さんのいる時分からでしたね。今度は甲組、乙組一緒に休ませるようにしようと相談しました。

この間の二十三日が甲組の休み番だったのです。それで乙組の人達はこの日に皆休みますといって、見世に出なかったのです。また大騒ぎをしましたけれども、出ないから仕方がありませんでした。この次には甲組の人達が休むと言っていますから、また、成功する事でしょう。

光子さん、随分変ったでしょう。それもこれも、花魁達が少し眼覚めて来たからでしょう。

岩内善作《いわうちぜんさく》様が光子さんに仰有《おつしや》った事を白蓮《びやくれん》様が「改造」に書かれたでしょう。

「どうだいもう一つ真剣の事を教えてやろうか、君達が一勢に自覚して吉原中の娼《しょう》妓《ぎ》が皆あの仲《なか》の町《ちょう》の本通りに整列してさ、堂々と隊を組んであの大門《おおもん》から自由廃業*の旗押し立てて練り出して見給え、誰が止めるかい、誰も手も出せまい。それでいいのさ、吉原はあしたから全滅さ、それっきりの話よ」

妾はまたあの「改造」を出して読んで一人ニッコリ笑いました。

# 千代駒さんの復讐

一月十三日、私に取《とっ》ては、一生忘れる事の出来ない日でした。何時《いつ》も寝坊な私は、この朝丈《だけ》は早くから目がさめました。目がさめたのでは無い。夕べから殆ど一睡も出来なかったのでした。八時打つのを待ち兼ねて、自分の部屋へ一番先に来て見ました。自分の目にふれる物は何だか今朝丈《だ》けは、本当に泌々《しみじみ》と見たい様な気もしました。

二年間！　過ぎ去った二年間を思えば短い様ですが、私に取ては全く苦しい永い月日だったのです。

人間の尊い若さをここで滅茶苦茶にされ、野獣の様な楼主《ろうしゅ》の餌食《えじき》となり、血の出る様な悲惨な苦しい毎日を過ごして来たけれども、今日こそ本当に生れかわる日のように思われてなりませんでした。この惨《みじ》めな生活から、卑劣きわまる楼主等の手から、今日こそは脱け出て、人間として女として生きがいある生活の出来るよう、どんなことが有ってもやって見せずにおこうか。

こう決心した私は、何だか自分の前途に急に光明が、かがやき渡る様な気もしました。でも、こんな厳しい人目から何《ど》うして脱《のが》れる事が出来よう。などと思いますとがっかりはしますけれども、また何んな厳しくても自分に必ず脱れ出て見せると云う意志さえ有れば、きっと人丈大だ。途中で不運にして、捉えられれば、その時は生きては帰らないだけでないか。冷たいむくろと成《なっ》て帰るばかりだ。若《も》し万一の事が有ったら最後は死だ！　死んでこの世の苦をのがれるなら尚更　幸《さいわい》でしょう。こう考えた私は本当に強い強い気持に成りました。

自分を今迄《ま》で苦しめて来た人達に、本当に復讐するのは今日からだ。色々な事を考えると、一分間もじっとしては居られなく、少しでも早くここを出たいと、思うといやが上にも増す興奮をおさえてもおさえても、おさえ切れないのでしたけれ共《ども》、朝の内はどこからも出られそうも無いのでした。

春駒さんがのがれてからは、厳しい内にも尚一層厳しく成り、朝などどこからも出られそうも無いのでした。

矢張り夕べ考えた通り、夕方五時過ぎてからだ。五時からは吉原の非常門が全部開《ひら》くから、外来へ行くと云って家を出よう。どう考えても、その時より外《ほか》は出られなかったのでした。

とうとう夕方になりました。そしてその時間の待遠しさってありませんでした。けれ共また、何とも云い知れぬ不安が胸にこみ上げて来ました。時計を見ると丁度《ちょうど》四時を指して居ました。やがて夕飯の知らせにおばさんが来たのでしたが、何だか胸が一パイで御飯も喰べる気にも成れませんでしたが、喰べないとかえって皆に変に思われると、無理に食堂へ来て御膳の前に坐ったのですが、何だか、皆の顔を見るのが本当に嫌でした。嫌と云うより寧《むし》ろ変だったのです。

この時私はフト思いました。皆と一緒にこうして御飯を喰べるのも今日限り、今が本当に最後だ。私のこんな気持で居るのも知らず皆は無心に、何かささやきつつ箸を取って居るのでした。

でも、後二時間も立てば、きっとこの人達は私の脱出を驚く事だろう。その時はどんな事を云うだろうか。きっと口から出る丈の悪口を云うのだろう。そんな事を想像して居た妾の目はつい知らず知らずの内に、御膳の前に坐って居る人達の顔を見直して居ました。

丁度、私の真正面の帳場に主人が坐って居て、相変らずお金の計算で一生懸命でした。考えて見れば罪の無い人だ。お金さえ見れば、何時も御機嫌よしだもの、罪の無い人と云うよりも寧ろ可愛想な人と思われてなりませんでした。

あの顔が、妾の居なく成った後《のち》、どんなだろう。恐ろしい顔をしておばさん達にさぞ怒鳴り散す事だろう。

そう思うと何だか急におばさんが気の毒に思われてなりませんでした。

色々な事を考えながら、やっと一膳の御飯をすませました。部屋へ来て時計を見ると、四時二十分過ぎて居ました。

早くお湯に入ろうと思っても急に胸の動気《どうき》がはげしくなって来て何《ど》うする事も出来ずに居《お》る所へ突然、

「千代駒《ちよこま》さん、お湯に入りましょうよ」

弥生《やよい》さんが入って来ました。私は、一時全く驚いて急に返事も出来ず、

「ええ今すぐ入りますから先に行って下さいな」

是《こ》れ丈やっと答えましたが、後で、何と云うあわてた、そしてそっけの無い返事だろう。折角親切に迎いに来てくれたのに。本当に悪いと思いながら、

「弥生さん、一緒に行きましょう、一寸待って頂戴《ちょうだい》ね」

すると弥生さんはすぐ、

「千代駒さん。貴女《あなた》は近頃本当に変ね。何時も、なにかぼんやりと考え込んで居るじゃないの。今もさも驚いたと云う様な顔して居たわ。何か心配事でも有るの」

私は思わず、ハッとしましたが、急いで、

「イイエ、何でも無いわ。妾、なんにも考え事なんかして居なくてよ」

もっと何か云おうとしたが、早鐘の様《よう》につく胸をおさえながら、やっと是れだけしか言う事が出来なかったのです。

その内、おばさんが大きな声で、

「皆さん、お風呂に入りなさい」とどなって来ました。

その声を聞き、二人は急に立上《たちあが》りました。

風呂に入っても私は、どこを洗って居るのかさっぱり解《わか》らないで、まるで人の体の様な気持がして居たのでした。

その内一緒に入って居た万竜《まんりゅう》さんが、

「千代駒さん、今日はめずらしくお湯が早いのね、もう上るの」

と云われて始めて気が付きました。見ると自分はもう一生懸命に体をふいて居たのでした。

なんと云う気の弱い私だろうか。自分の手でした凡《すべ》ての事が少しも解らなかったのです。まるで機械人形の様に。なんて意気地の無い私だろう。何故もっと、強い気持になれなかったのでしょう。この位な事に自分の意識を失って、何《ど》うするのでしょうか。と思って落付《おちつ》こうとしても何うする事も出来ず、腹立しくも成て来ました。

部屋へ来て、鏡台の前に坐りながら時計を見るともう、五時を指して居るのでした。六時に見世がつくのでしょう。おそくも五時半迄に楼《ろう》を出なければ、もう出られなくなって終《しま》うのでした。

大急ぎで着物を着たのでしたが帯に実際困りました。本当に困りました。外へ出るには帯をしめなければ変だし、でもなまじ帯なぞしめて疑われてはならないと思い、矢張り達巻《だてまき》＊のまま出ようと決心して時計を見るともう、五時二十分過ぎて居ました。

私はすっかりしたくをしたのでしたが、外がまだ明るいので余り明るい内に外へ出て、気付かれては大変ですし、よい時はなくなるし、全くこの時ぐらい心の乱れた事は有りません。

再び窓を覗いて見るとまだうす明るいし、暗くなるのを待てば出られないし、私はもうじっとしていられなくなって、殆ど無意識に部屋の外へ出て終いました。永い廊下を夢中で二三間《げん》来たと思う頃、不意に、

「千代駒さん。私も外来へ一緒に行きますわ」云われてびっくりして振返ると、今年のお元日から出たばかりの、初見世《はつみせ》の信夫《しのぶ》さんでした。私は何うしようかと全く困りました。この人と一緒に楼を出たのでは、勿論《もちろん》私が外へ出る事が出来ませんので、とっさの場合、

「信夫さん、私今一寸《ちよつと》忘れ物が有るから、後からすぐ行きますから、貴女仲《なか》どんと一緒に一足先に行って下さいな」

是れ丈云い、先の言葉も待たずに、私は夢中でまた自分の部屋へとび込んで終いました。様子を見て居たら、信夫さんは仲どんと一緒に出掛けたらしいので、ホッとしました。今の内だ、早く出ようと、夢中で下駄を持ち、店へ来ました。そして店から出ようとしたら番頭が、

「花魁《おいらん》一人ですか。誰れも一緒に行かないのですか」

とまた云われたのです。今度はすぐ私は、

「今、信夫さんに仲どんが付いて行ったからおっかけて行くわ」

急いで外へとび出したら、信夫さんと仲どん二人はつい目の前をあるいて居たのでした。何《ど》うしよう、でも余り後れるよりかえって一足位おくれる方が、この人達の楼《うち》へ帰る時分には、非常門の外へ出る事が出来る。

この二人が楼へ帰り、私の居ない事が解れば、すぐ、大さわぎになるに違いないから、二人の帰り着かない内に、廓《くるわ》の外に出なければなら無いと思ったのですが、自分の目の前に二人が歩いて居るのを思うと全く気が気ではなかったのです。

いつもの道を行けば途中で二人に逢って終うので、浪花屋《なにわや》の細い路道《ろじ》を曲り、夢中に走り出してやっと吉原公園の池のふちの所まで出て来たのでした。病院のよこ

の非常門が確かに開いて居ると思ったのでした。

でも何となく不安が胸にこみ上げて来ました。そこ迄行って、もし開いて居なかったら、何うしようなぞと考えながら、ふと池のはたを見ますと、丁度その所から外来の門がよく見えますので、木のかげにかくれて見て居ましたら、今の二人が帰る所だったのです。

私は、この間《ま》に早く出ようと思い、まるでとぶ様にして病院のよこへ出て来ました。案じて居た非常門は開いて居たのでした。目茶苦茶に走ってしまったので、何時の間にその門を出たのか、全くおぼえて居りませんでした。

神様！　どうぞ！　と心の内には只《ただ》神様あるのみでした。でもこの時ぐらい本当に真剣になって神にお願いした事は、今迄に恐らく無かった事でしょう。

何処《どこ》と云う定めも無く、うしろを振り返るのも恐ろしく、一目散に走っておよそ五六町も来た頃でした、漸《ようや》く少し落付いて来ました。そして上野駅から省線に乗り新橋で降りました処《ところ》丁度あき車があったので無我夢中、乗るはのったが車夫に何処迄と問われたのに対しても暫《しばら》くは返事も口から出ませんでした。その時の私の態度は、車屋にも余程お可笑《かし》く思われたでしょう。だが、自分でも全く夢中になり過ぎて居るとは思いながら、この時は何うする事も出来なかったのでした。車が何所《どこ》を走って居るかも夢の内に、芝公園の日本労農党の前でおろされた時は、ほんとうにホッとしました。そして私は、安心した為めか張りつめた心も一時に、消え去り、それと同時に云うに言えない涙がとめどなく、頬をつたわり落ちるのでした。

急いで硝子戸《ガラスど》に手を掛けましたが、何《ど》うしよう、見ず知らずの私が突然伺って、岩内《いわうち》様にお目に掛る事が出来るだろうか、余りにぶしつけな自分が恥かしく、内に入り兼ね、しばらく考えて居りました。でも折角、ここ迄来たのです。今の場合、恥も外聞も無い、岩内様にお目に掛った上、凡てをお話し申して春駒さんに逢わして戴《いただ》こうとおどおどしながら、

「御免下さいませ」

「誰です」とそこにいた方がおっしゃいました。

「誠に恐れ入りますが、岩内様に是非お目に掛り度《た》いのですが」

「あなたはどなた」

「お目に掛れば解りますから」私は取次ぎの方にうったえる様にお願い致しましたら、その方は奥の方へ去り、しばらくすると引返して、

「お上り下さい」と仰有《おっしゃ》って下さいました。どんなに嬉しかったか、光子さん、お察し下さいね。

岩内様にやっとお目に掛る事が出来た私は、何事も凡てを有りのままお話し申し、また突然伺った失礼をもよくおわび致し、白蓮《びゃくれん》夫人のお手紙によって、おたずねし

た訳もお話し申しました。私の凡ての話しを聞きおえたとき、岩内様は静かに、

「自由廃業と、只口で云う様にたやすく出来るもので無い。余程の覚悟が無ければ、これからが大変ですよ、それに堪《た》えるだけの勇気が貴女に有るかね」

「私は、脱出する今日《こんにち》迄日夜考え続けました。廓を出る時本当に覚悟して出て参りました。途中で捉われた時は、冷たいしかばねと成って、帰るばかり決して生有る内は、再びあの廓の門をくぐるまいと確《かた》く決心して出て参りました。そして、私はあんな醜い稼業の外はどんな辛い事でもしますから……」とお願い致しましたら、

「よしそれだけの決心なら大丈夫だ。安心なさい。岩内が確かに引き受けた」

私は岩内様からこのお言葉を聞き、地獄で仏と言おうか、本当にうれしゅうございました、そして永い間、ああした醜い生活に悩み続けて来た私は、今こそ本当に光り有る生活に入る事の出来る様に成ったと思うと、心から救われた様な気が致しました。

私の日頃の望みに達する事の出来ましたのも、岩内様白蓮様お二人の厚い御同情の為めと、私は心から深く感謝致さずには居られません。色々と御心配下さる皆様方の前に対しても、私はこれからも、世の中に強く戦って生きねばならぬと泌々思いました。

# 廓を脱出して白蓮夫人に救わるるまで

## 廓《くるわ》に入る迄

私《わたくし》は群馬県高崎市の貧乏銅工職の長女として生れました。父は元来大酒家でしたが、大正十年の始めにお酒の為半身が動けなくなり、その時から仕事も思う様《よう》に出来なくなってしまいました。でも元から一こくの父は、せめて兄が一人前の仕事が出来るまで働かなければ……というので、動けない体でどうにかこうにか大正十二年までは働いて来ました。その年の十一月に、とうとう父は永い眠りに入って仕舞ったのです。

貧乏な家《うち》の常の如く、父は借財を残して行きました。母はもちろんのこと、殊《こと》に幼い妹を抱えては何《ど》うする事も出来ません。未《ま》だ若年の頼りない兄は、父の死後ほとんど家により付かない有様でした。そうこうして居る内に、生活苦はだんだんにひどくせまって来、呪われの一家は、実に悲惨なものでした。その当時高等小学を終え、町の或る裁縫所へ通っていた長女の私は、何から何まで心配しなければならない立場になって仕舞ったのです。

それに私の家は、代々士族だとかで、母親は少しの借金さえも、皆様に対して申訳がない、なんとかして始末をつけなければならないと、そればかり気にやんで居りました。丁度《ちょうど》その時私の家の近所に口入屋《くちいれや》の婆さんがいました。それが母のよい事を聞きつけて、得たりかしこしと母親を説き伏せにかかったのでした。初めはそうした事に耳を藉《か》しませんでしたが、生活に苦しんでいたのと、借金の始末をつけることにあせっていたので、遂《つい》に母親は、気が動きました。母の涙ながらの私への頼みや、現在の家の有様を見ては、自分さえ犠牲になればという考えも起きてまいりました。それに、そうした所も、その口入屋の婆さんの話では、あまり酷《ひど》い所ではないように思われましたから。

しかし今考えて見ると、随分馬鹿《ばか》な事をしたものでした。たとい、いかに貧乏していても、今の私であったなら、決してああした所なんかには入りません。母にはすまない事ですが、古い頭で家名とか何とかを人間より大切に思って居たが為に、私はこの悲しい身になったのです。それから間もなくでした。可愛い妹や、病身の母にも別れ、なつかしい故郷を後に、大正十三年十二月四日に娼妓《しょうぎ》として、住込んだのがあの長金花《ちょうきんか》でした。

# 醜い人間性

廓に入ってからの生活は、何《ど》んなものでしたでしょう。それはそれはあまりに恐ろしいものです。生地獄とは是《これ》を云うのでしょう。人間のする事でなく、ちくしょうにもおとった生活でした。そして人間が如何《いか》にみにくいかと云う事がそこではじめて分りました。こう云う所が世の中にあるとは、夢にも知りませんでした。これ程だとは何うして考えられるでしょう。親の暖い懐《ふところ》から離れて一人この恐ろしい生地獄の中におかれた私は、毎日毎夜泣き通しでした。羽根もぎ取られて身動き一つ出来ない小鳥の私に対して、ひとは少しの同情もあらばこそ。夜毎夜毎に押寄せる獣の様な男、我利我利《がりがり》の楼主《ろうしゅ》、それに一文でも多くもうけようとするやりて婆、私はそれらの為に、身も魂も失くして仕舞っていました。

私はこんな社会にいるより、死んだ方がましだ。こんな生活するよりも、自分を可愛《かあい》がって、貧しい中より何か買って来ては、光子、光子と愛してくれた、死んだ父親のそばへ行った方が何れ程幸福か知れない……などと思いつめた事がいく度あったか知れません。それでも刃物は一さい持つ事を許されていないので、しみぬきのキハツ油《ゆ》を吞んで、と決心いたしました。が私を、こうした所へ入れてすまない、身体は何うしたろうと、それはかし案じて病気になっている母親や、「姉さんは何うして一度も帰って来ないの」と母親にせがんでいる妹の事を思うと、それも出来ず、その瓶を抱えては泣いていた事もいく度あった事でしょう。夜中《やちゆう》あらくれ男の手から漸《ようや》く逃げ出して来て、二階のらんかんにもたれ廓に立並ぶ電燈をじっと眺めては、「ああ、自分は何うして、こんな社会に入って苦しまなければならないのだろう、母に逢いたい、妹恋しい」とさめざめと泣くのを常としていました。

そう云う所へよくおばさんが来て「何をそんな所に立って泣いているのです」、「早くお客様の所へ行ってつとめなければいけませんよ」、「そんな事で稼業が出来ますかね」なぞと叱られました。そのおばさんの言葉が私にはどれ程くやしかったか知れません。よくも金の為に自由をうばわれ、あらゆるものをしばられて、私共女性の一番大切な、そして貴《たつと》い貞操さえ土灰のように見られ、どれいのように働かされると思った時、私は泣いても泣ききれませんでした。

余りにさいなまれ苦しめられた私は、いつの間にかこんな事を考える様になっていました。「人間は何も一生だ、笑って暮すも一生泣いて暮すも一生だ――よく世間の人が云う様に何うせ暮すなら面白く、自分の方から多くの男を玩弄物《がんろうぶつ》にしてやろう」――けれど何うしても私には、とうていそんな事はなし得られませんでした。そんな捨て鉢な心を起しながら、それと同時に或る一方には、私は何うしてこういう生活をする様になったのか、なぞと考えはじめました。

## 生地獄の生活（一）

私は私共女郎《じょろう》生活が如何に苦しいものであるかを、姉妹方《きょうだいがた》にお知らせする為に私達女郎の生活をざっと書いて見ます。

朝はいつも八時迄にお客を帰してから私達は、自分の部屋の掃除をして休む習慣になって居ます。でも、一日おきに髪結日《かみゆいび》なので、その日なんかはほとんど休むひまもないくらいです。夕方は四時に起こされます。すぐご飯をたべて風呂へ入って化粧するのです。私にとっては夕方起こされるのが何《ど》のくらい苦しかった事か知れません。またいやな夜が来た。お店へ出なければならない。そう考えると居ても立ってもいられない程心苦しくなります。私はたとえ、一分間でも多くねていた方が何のくらい有難かったか知れませんでした。あらゆる苦痛を忘れていられるのは休んでいる時だけであるからです。

化粧がすんで間もなく、早く働けと云わん許《ばか》りに、長い廊下をぞうりの音をばたばたとやりて婆がいつもの様にきいきい声を立ててやって来るのです。おいらん達はようやく仕たくをすませ、それぞれ自分の部屋から、しかけを着て出て来ます。

その時の姿を女達は昔のこしい元《もと》だ等《など》と申しますが、私には××××××××××××××××に思われました。

やがて多くの女達が、女の集まり場所に集まります。昔は店にならんでお客を呼んだそうですが、今は中でお客の来るのを待っているのです。私は、自分の情ない姿、他のおいらんの憐《あわ》れな姿を見ていると、涙がいつの間にか出て来ます。ここにある私達は人間でない、品物だ、人肉の市《いち》の売物だ。何うしてこれを人間の生活という事が出来ようか、そして、こんなものが稼業だなんといって、何うして政府ではこんな社会を許しておくのだろう、それに公然と看板をかけて。それもよいけれど、何もかも資本家の都合のいい様に、またにくんでもあきたりない楼主の利益にのみなる様に出来ているのだ。それを知らずに、店にならんで居る姉妹達は、オハジキをしたり、トランプをやったり等してあどけなく遊んで居ります。楼主に対する恨みやにくしみのほのおが、私の胸に一時に込み上げて来ます。

店ではよいどれが二人三人盛んに写真の批評をして居ります。別嬪《べつぴん》だとか、田舎の肥《こえ》かつぎだとか云うのはまだしも上々の方、それはそれは私達のようにそうしたものになれているものでさえ恥しくなる様な事を申します。男と云うものは何うしてあなのだろう。今か今かと待っている奥様を持っている人もあろう。息子の放蕩になげく母親もあろう。こゝに通う為に世の中から、親兄弟から見離されるものもあろう。そしてそれ等の人をより悪くして、身動きも出来ぬ様にさせるのが私達娼妓の商売。純良な有望の青年を再び立つ事の出来ない谷底へ陥れるのが私達の務め。ヒステリーの奥様を、もっと狂わせなければ私達は食べて居られない。そう云う商売があるであろうか。私は深く考えると訳がわからなくなってしまいます。

## 生地獄の生活（二）

「お客さん」と番頭の声、それは、それは恐ろしい鬼の声とでも申しましょうか、また私達を苦しめに来たのだと思うと、恐ろしさに身の毛もよだつ様な感じがいたします。

客が通されると、店に坐っている者は皆、「誰の人」とか「誰のおなじみ」とか口々にいいながら、上って行く人を一々注視して居る様な有様で、夜稼業する時と、昼間とは、全然お互の気持が異《ちが》うのです。昼間、何《ど》んなに仲よくして居ても、夜になって、いざ稼業につくと、多くの蟻が一つの食物を見つけ我がちに取りっこをする様に、私達も口にこそ出さなくても、お互に心の中で競争しているのがよくわかります。また私達に、そんな心を起させて一生懸命働かせるよう楼主はいつも私達に言いきかせているのです。「一人でも多く客をとって、早く借金を返せば早く廃業が出来、早く自由になれる」というのです。誰しも早く自由になりたい一心の為め、競争心を起して働くのです。

上った客は、お酒をのんでない人はないくらいです。おばさんがおいらんをむかえに来ると、呼ばれたおいらんは、店の大きな鏡にむかって顔をなおし、皆さんに「只今《ただいま》すぐ」とか「ご順すみません」といって行くのです。

間もなく女中がお茶を持って来ます。客は大てい煙草をふかしながら、おばさんに「何うですか、忙しいですか」等と話しかけます。

やがておばさんは、勘定をきめにかかります。その話が決まるとおいらんが客を案内して行きます。三人も四人も、客が一度に来た時などは、なるたけ何の客にも、他の客がない様に思わせなければならないので、室《へや》もそれに都合のよい様にするのです。客にはなじみも居れば、××も居ります。けれどもやっぱり誰しも嫌いの人も、すきな人も居ります。自分が或る客のそばに長く居たいと思えば、他の客の所に自分のぞうりをおいて、おばさんをごまかします。

## 生地獄の生活　(三)

多くの客に対して平等に行く事になってる為に、一時間おきとか、一時間半おきとかと時間時間に注意されますから、なかなか楽ではないのです。多くの客の中には、おいらんが少しも来ないからといって仕たくをして仕舞い、遊び金《きん》を持って帰るという人がありますが、そんな時には、その客に出たおいらんが自腹を切って、自分でその金を帳場へおさめるのです。その為に私達は何《ど》のくらい苦しめられるか知れないのです。それればかりではありません。お客が乱ぼうして、たたみ障子、そのほか何でもこわしたり、よごしたりすると、それは受持のおいらんがべんしょうするのです。

おいらんの一番いやがるのは、しつっこい客です。これが何よりつらいのです。心も身もつかれきって居る時、色々と無理の事や、ほねの折れる事なんかを要求されるくらいつらい、いやな事はありません。そうゆう客のそばには何うしても行く気にはなれません。でも、つとめだと思えば仕方がありません。一度は何うしても行かなければなりません。そんな人に限って、悪ふざけをしたり、怒ったり、金を返せ等とさわぐのです。それも××を充たしに来るのなら、私はそれは人間としてあたりまえだと思って寧《むし》ろ憐れみを持ちますが、妻を持ちながら、或る一つの遊戯の為に、私達を苦しめ、その妻子をも苦しめるのだと思うと、反抗心さえ加わって来ます。それでも職業となれば仕方がありませんので泣き泣き我慢いたします。そして朝八時までに客を帰した上、部屋の掃除をすませたり、着物の襟などをふいたりなどして仕舞うともう十時頃になって仕舞います。それからおばさんか女中かが付いて医者へ行きます。

帰って来ると、白分の仲のいい友達とお茶を呑みながら、それぞれ昨夜の話や、客の批評などしてうっぷんをはらします。所へまたおばさんがどなって来ます。「まだおいらん達はねないのですか」おいらん達は「またやかましやのばばあが」等と口々に云って顔を見合せて只だまって下をむいているばかりです。ばあさんはまるで土方の親方か何かの様にいばっています。

暫《しばら》く沈黙が続きます。と一人が「何うして私達は、いつまでも、いつまでも、自由になれないのでしょうね」と云い出します。私も「仕方がないわ、金の為に私達は自由になれないのですもの、それよりおばさんに叱られない内に早く休みましょう」と云って部屋を立ちます。併《しか》し私達は自由と云う、その言葉を聞いただけでも、何のくらい心を暗くするか知れません。

## 暗き前途

こうして今から五年も六年も、獄屋より酷いこの人肉の市のさらしものになって、男と金とにさいなまれるかと思うと、床の中へ入ったものの、何うして寝つかれましょう。それでも、もうとうに、何にも考えずに昨夜《ゆうべ》のつかれで眠りに付いている朋輩《ほうばい》が四人五人。厚化粧の白粉《おしろい》がはげてる顔。白粉やけで真青になってる顔。血は吸われ、肉はけずられて、一日一日に衰えて行く肉体。男より、楼主より、いじめられ苦しめられて、やつれて見る影もない。これが人の子の姿でしょうか、母親が見たら、……私のほほにはいつしか涙がとめどなく流れて来ます。

これが世界の中で強い日本のする事でしょうか、そして文化だ、文明だ、学校だ、えらい人だなんて……私はあらゆるものが呪わしくなります。今まで犠牲になって自ら慰めて居た親や兄さえ恨めしくもなって来ました。

憐れな彼女等よ……自分達がそうした境遇におかれたに対して、何の考えもなく、反逆心も起さず、運命だ宿命だと諦めて、牛馬の様にこき使われてさくしゅされるだけされてやがて解放された時、そして自由になった時、やれ嬉しやと思う間もなく、社会苦はまたも彼女等を待っているのです。社会の立派な道徳は彼女等を獄屋より出た罪人扱いにして相手にはしないのです。物質上の迫害はもっともっと大きな力で彼女等を苦しめるのでしょう。永年の労苦の為、肉はそがれ、心はすさんで居る彼女達は、一体何《ど》うなるのでしょう。行く末は、運命は……。

考えは、それからそれへと続きます。頭はいたみ出し、眼がくらみそうです。考えまい思うまい。また今夜もあの鬼共が苦しめに来るのだ、早く少しでも寝て仕舞おうと思っても何うして休まれましょう。何も知らずにねている朋輩達がうらやましくなって来ます。

## 絶望

こうしたどんぞこの生活の中に煩悶に煩悶を重ね、悲しみ続け、泣けるだけ泣きながら人生のうち最も楽しかるべき、何物かに憧れ前途に光明をみとめつつ歩むはずの青春時代を過ごしました。そうして、さきに抱いた自分の理想も希望も、只一時の夢、今は暗黒の中に、迷いさまよい、どっかにぶつかるだろうと、あえぎあえぎ生きながらえて居るばかしでした。学校友達のTさんもSさんも、今は立派な家へ嫁がれて、可愛いいお子さんさえ出来たそう。それに私は……、私は……、やっぱり考えまい、そして諦めよう、諦めて神様のお恵みを待とう。

いつかしら、まだ家に居る時分、牧師さんが、神様さえ信じていれば、たとい今いか様に苦しんでいても、きっと幸福を授けて下さいますとおっしゃった。そうだ、きっと神様は、私を幸福にして下さるにちがいない。天国の神様の許《もと》に行ったお父さんも、きっと神様にお願いして下さるだろう。私はそうした淡い望みを抱いては、独り慰めて居りました。また一方その中にあっても、一人位、男で頼りになる、そして愛して下さる方があるかも知れないと淡い望みも抱いた事もありますが、皆駄目でした。男は口でこそよいかげんの事を申します。「お前の力になるぞ」とか「お前に愛されるとこんな幸福な事はない」とか申します。が、いざとなれば皆逃げて行きます。「おなじみ」となれば、普通のものよりも大切に、よい待遇をするものですが、おなじみ、おなじみと云って居てもそれは私達より、より多く何物かを求める口実であるのです。私達稼業のものは、稼業上××を傷《きず》つける事が度々あるのです。そんな時はすぐ病院へ入院しなくともすむ様に、客をとらないで家で治療するのです。そんな時おなじみが来ても、替わりのおいらんを買うとか、または他の店へ行って遊ぶとかするのです。

彼等に何の愛がありましょう。私は自分の胸の奥に、いつしか生れていた異性に対するあこがれも、そうしたものによってすっかり失われていました。この広い世の事です、せめて一人位あってもよさそうなもの、何と云う世でしょう。男でしょう。それも、もしこう云う苦界《くがい》に居なかったらと云う嘆きで一ぱいです。どうせ相手にされない私達はこの世の敗残者なのだから、こうした世を何《ど》うして呪わずに居られましょう。

親兄妹《きょうだい》でさえ少しもありがたくなくなって居りました。ほんとにすまないとは思っていますが、私はもう呪いの生活になっていました。その時私の慰めであり、友人であるのは本ばかりでした。そうしたどんぞこの生活の中にあっても、本は私の救い主であったのでした。また一番のたからであったのでした。殊に歌や詩は私の聖書であり、食物でありました。あらゆる時を得て、ひまをぬすんでは読んでいました。

## 一つの夢

殊に、白蓮《びゃくれん》夫人の作をこのんでよんでいました。白蓮夫人の、あの愛の生活に勇かんな態度は、私をどれ程よろこばし、生かして下すったか知れません。上流婦人の何の苦もない、わずらわしさもない遊戯の作なんどに対して、私の様なこんな悲しいものが何うして共鳴出来ましょうか。ブルジョアの令婦人令嬢方に対して心から反感を持っている私ですもの、そんな作なんか世に出して、名を高めようとあせるひまに、私達の苦しい境遇を見て下さいと申したくなります。大へん不作法な言い方ですが、白蓮夫人は私の崇敬の的になりました。

身は高貴に生れ金満家に嫁がれ、えいようえいがが思いの儘《まま》、この世に何不自由あらぬ身も、愛に目覚めては、矢もたまらず、愛の生活へと世のあらゆる非なんや、嘲笑や、批評をもかえり見ず、高貴の御衣《みころも》をぬぎすてて、愛人宮崎氏の元に走られた白蓮夫人は私の憧れの的でなくてなんでしょう。夫人の作を拝見して居る間に、あの熱のある生活、勇敢な態度、何物にも恐れず雄々しく進まれたあの夫人のお姿がありありと、自分の前に現れて自分をさしまねく様に思われました。あの方の作が私の進むべき道をおしえて下さるように思われました。私は日頃信じている故か、神様が私を救いに来て下さったのだとしか思われませんでした。一度に幸福が来た様に感じられました。一時にうれしくなってたまりませんでした。あやまれる道徳をご自身の行為で世に示し、人間のほんとの進むべき道を教えて下さった白蓮夫人は、私達苦界に居る憐れな姉妹をも救って下さるのでしょう。それは白蓮夫人でなくて神様です。神様が白蓮夫人のお姿でこの世に降《くだ》られたのです。私はその暗示と申しましょうか、そうしたものを受けた日からと云うものは、自分の辿るべき道に就《つい》て考え初めました。

## 蘇《よみがえ》りゆく心

私は人間として生き度《た》くなりました。何《ど》んなに貧しくても、何んなに苦しくても、人として生き度いのです。どれいとか云うものが昔はあっても今はないと学校の先生が云いましたが、私達はどれいと同じでしょう。私より下の賤《いや》しい人間は世にないのですもの。たとい何の様な目に逢うとも、たとい、一日でも私は人間として生きたくなりました。何うせ幾度も幾度も死を覚悟して来たのです。どんな事でも出来ましょう。死のうと思えば何でも出来ます。そして死を覚悟して、私自身ばかりでなく、あまたの、私達の、姉妹の為に働こうと思うと、いやが上にも興奮して来ました。死ぬ事の出来ない自分の意気地なさをつくづくいやに思って居た自分ではあるが今では生きて居たかいがあると思う様になりました。私は、そう覚悟すると落付《おちつ》いていられなくなりました。朋輩やお客に対しても今迄と異う様になって来ました。今迄は仕方がないと諦めていましたが、今では、いやでいやで仕方がありません。殊に男を呪っている私です。幾度来る客でも、親しんで下さった方でも前と何うしても異っていました。その方々に対しては今でもすまないと思っていますが。

　そうした心持になったのは昨年の秋頃でした。そして時を待って居りました。それから準びに取りかかりました。なるたけ平気を粧《よそお》って色々とその方法に就て考えていました。救世軍や婦人ホームの事を、じょうだん話の様にさとられない様に、客に尋ねたりして、一歩一歩進んでいました。その内に私にとって大問題が起きました。

## 黴毒《ばいどく》と肺病と心臓病

それは今年一月に吉原病院へ入った事です。おお病院、それは私達娼妓にとって、一番恐ろしい所です。「入院」と云うと誰も身ぶるいするのです。私達は皆、検査の時は、入院除《よ》けと云って、神様の「御《ご》ふう」をいただいて、入院を除けるまじないをする位です。

私は後で吉原病院の事を詳しく書いて、あそこの随分ひどいことを、皆様にお知らせいたしますが、一寸《ちょっと》皆様考えて御らん遊ばせ、コンクリートのゆかの病室の中に、一寸《いっすん》も外へ出されず、朋輩や知り人にも逢われずに南京米《なんきんまい》の御飯と、ひじきと、から、おみおつけ、たまに魚、それは辛《から》い鱈《たら》(三食三十六銭)そんなものをたべて、うようよしている可哀そうなあなた方の姉妹達……夕日が、一日の務《つとめ》を終って、我々人間に恵みを与えてよかったと云う様な顔付で、上野の森の奥へ姿を沈めると、今迄自分達の不幸を忘れようと、じょうだんやさわぎでまぎらしていた姉妹達の誰もの顔には、そろそろ淋しさが現れて来るのです。そして誰か一人でもすすり泣きでもしたら最後、皆一時に泣き出してしまうのです。

私は、そうした地獄か「ろうや」の様な所に、二ケ月半も泣き通して来ました。その病院の人から泣き虫だと云われた位です。梅毒と、肺病と、心臓病で、そんなに長くかかったのでした。ことに、子宮を手術しました。この長い間の入獄の様な生活であっても、多少慰められていました。それはお客をとらなくてもよいからです。ですがその他の事では苦しめられ通しでした。そして三月の中ば頃退院しましたが、その夜から、私はお客をとらせられました。その当時も引続いておなかが痛んで苦しみましたので、おばさんにそう話すと、「永らく休んだのだから、少しはがまんして」と云われ、苦しみ苦しみつとめていました。そのつらさ、悲しさ、それに心臓が悪くて、どうきはひどく、私はその時のことを考えるさえ苦しい位です。それに間もなくまた××に大きな傷が出来ました。それが中々なおりません。三週間位はかかっていました。その間でも、やっぱり客をとらなければならないものですから、なおりっこはありません。何《ど》うせなおっても、梅毒と肺病で一生駄目になって居ります。もう何うなってもよいと思う様になりました。私の出る決心がだんだんかたくなって居る様に思われました。私の今の体は、男の為にこうなったのです。彼等にふくしゅうしてやるのが私の決心です。出てから、出てから……、私の心の奥では囁《ささや》いている様でした。私はもう、こうなっては日一日でも居るのがいやになりました。早く出たい心で一杯でした。それにしても逃げ出してもどこへ行くかあてもありません。救世軍とか、婦人ホームとかは聞いていましたが、そう云う所へ行ってよいものやら、むやみに行って追いかえされたりつれもどされはしないかなぞと思うと、仲々決心しかねました。考え、考え、いくら考えてもよい考えは浮びません。昨年もここから二人迄逃げ出したのですもの、私だって逃げられなくて何《ど》うしましょうと思うと、心強い気がしました。それから毎日毎晩、その事でばかり考え込んでいました。もうお客の事なんかは、かまっていられません。或るお客なんか私の様子が余り変なので、怒っていました。でも後で分るからと心では思っていました。傷が出来て休んでいた事は、実に神様のお恵みです。その為に色々考えたりしらべたり出来ました。それでも何うしても自分の行く先の見当が付きません。何うしてよいかほんとうに困りました。誰にもこんな相談は出来ませんし、頼りになる人もありません。心は出たい逃れたいでおののいています。その時また白蓮夫人を思い出しました。

遂に一大決心を……

自分の今の決心は白蓮夫人の、あの歌と、夫人ご自身の雄々しいお態度からです。夫人はもしかしたら――そうした熱のある方なら――殊に宮崎様は弁ご士をして入《い》らっしゃると聞いているからには。――私は一時に光明の地に出た様に思われました。神様――神様――私は幾度《いくたび》心の中で呼んだ事でしょう。

愛の生活に進まれるについて随分お苦労なすった奥様は、この悲しい苦しい境遇にある私をきっとご同情して下さり、哀れみ下さって、そしてお救い下さるだろうと思いました。今はこの方に頼るよりほかにないのです。私は何うしてもこの方にたすけていただこうと決心いたしましたが、一面識もない、そして、いやしい稼業の自分が何うしてそう云うたっとい方におすがり出来《でき》様《よう》か、何うして何うして、そうした大それた事が出来様かと思っては諦め様といたしました。併し一度思い定めたからは、何うしてもそれを諦める事は出来ません。そしてそれは私の事のみでない、どん底にあえぎあえぎ生きのびてるあの憐れな姉妹達の為でもある。この社会の事をすっかり夫人に訴え、夫人の筆によって、世の多くの同情ある姉妹方に、あの人達の救いを求めなければならないと思いました。そう思うと私の胸は高鳴ります。なる程夫人にはご迷惑をかけるでしょう。またもし自分が逃げそこなったら、一生きっと、もっともっとひどい目に逢わされるでしょう。が、自分が犠牲になりさえすれば、私達姉妹を少しは幸福にする事が出来るかしらと思うと、いやが上にも私の決心はかたくなって行きました。もう決心が付いた上は、なるたけ早く、そしてまた大事をとって仕とげなければならないと準びに取りかかりました。その苦心は一通りではありません。第一無事に逃げ込んでも、ことわられはしないかと心配しました。それには前に手紙で自分の苦しい立場を訴えお願いしておく方がよいと思いましたので、手紙を差上げ様と考えました。それを書く時の恐ろしさ、もし見つかりでもしたらそれこそ大変、もう私は一生浮ぶ事も出来ないと、それに文も上手に字もきれいに書かなければ失礼だ等と心配していたものですから、その苦心たらありません。夜、客を寝かしてから書こうと考えましたが、お客は寝たふりをしますが、大がいは私達の来るのをまんじりともせず待っているものですから、お客のそばで書く等という事はとうてい出来ません。ひる間朋輩と一緒に寝る時と思いましたが、口やかましやのおばさんが、じゃまいたします。それでも出たい逃れたいの一心は恐ろしいものです。レターペーパーに十枚程私の身の上をかたり、救いを求めました。それを出してからも不安にかられていました。もし夫人が楼主につけられでもしたら等と思いましたので。

## 母の死

そして私はよい時をねらっていました。私の前途は希望にかがやいていました。ですが、呪われた私にはまだ悪魔がつきまとっていました。人生の不幸の、最も大きいものに、ぶつからなければなりませんでした。四月二十三日に故郷高崎から、電話で母のきとくを知らせて来ました。私はここに身を沈めてから、一度も帰った事がありませんでした。日夜母や妹の事を思わない日はありませんでしたが、きとくだと聞くと随分驚きました。それから警察の許可をとって、おばさんと出かけました。私は途中で、母の死に目に逢えるだろうか等と考えながら急いで家へ着いたのは、もう夜の十一時でした。着いて私が母のそばへ行った時は、もう虫の息でした。私は母にむかって「光子です光子です」と云いますと、母は、わかったらしくさも嬉しそうな様子が見えました。そして五時間くらい、私は母のそばで看病が出きました。そして、かすかに苦しい息の下から色々いって、母は、遂になくなってしまいました。私をあんな所へやって、すまない、すまないと、幾度もいいました。

　母は私を売って苦しみ、悲しみ、もだえ通しであったらしいのです。そして病気にでもかからないのかしら、変りはないかしらとそればかり気にしていました。母が死ぬ一ヶ月程前にもそば粉を送って下さいました。「逢って嬉しい、よく来てくれた。もう一生、逢われないかと諦めていたんだが」母は私に逢って嬉しい嬉しいと泣きながら死にました。

　母の愛――私は涙ぐんでいました。そして、そうした母を少しでも恨んでいた事を心から詫びました。

　父が死んで、母を安心させようと私はあの生地獄へ身を沈め、少しでも孝行したいと思って、今迄出来ないがまんもしてやって来ました。死ぬより外《ほか》にないと思いつめても死なれず、男からも世からも、馬鹿《ばか》にされ、苦しめられて、今迄半死半生の態《てい》で生きながらえて来たのも、みんな母故《ははゆえ》なのでした。それだのに、それだのに、何の因果で今頃、そして今少しで安心させる事が出来たのに……。

葬式はその翌日でしたから、すましてから帰ろうと思いましたが、親類の者が「お前が居ては外聞が悪いから……」と云いますものですから、母をあの世とやらへ送る事も出来ず泣きながら帰って来ました。親類の者でもこの通りです。まして赤の他人様なんか……。

久しく逢われなかった十六になる妹は、「姉さんもうどこへも行かないでね」何にも知らない妹は私に泣きすがって帰そうとしません。

私の心の奥には、この世への反逆と呪いとが、また新《あら》に生じていました。私は急に進むべき道に向う決心をいたしました。もうやけ半分です。

## 脱出（一）

世からすてられ、親類にも頼まれず、男には散々もてあそばれ、身体はもうなおらないほど傷《きず》つけられている。この後とても誰にも相手にされない。一生前科者だと見られなければならない自分です。やけになるのはあたりまえでしょう。私はすっかり大たんになってしまいました。何でも出来る。何《ど》んな事したってとび出さずにおくものか、という気持になりました。

でも大たんになった私ではありますが、失敗のない様によく慎重になしとげる様に考えました。

で第一に逃げ出す事ですが、それが大問題なのです。

夜中は一歩も外に出る事が出来ません。ひる間は廓の中は歩かれますが、その外へは警察のゆるしがなければ出られません。だまって出るとしても出口は一つしかありません。その門に交番があって見張りがげんじゅうなものですから駄目です。その他、あのへんには廓のいぬが沢山かってあるそうですから、蟻のはい出るすき間もありません。それでも出たい出たいの一心は恐ろしいものです。それは丁度月曜日の朝でした。私はその時分も梅毒の為に病院へ一日おきに注射に行きました。注射は検査よりも早いので、他のおいらん達よりも三十分ばかり早く家を出なければなりません。けれど、私はその日は運が悪く、お客がまだ室《へや》に残って居るので、早く帰そうと思って苦心しました。そう云う時にはいどの悪いもので、中々帰りそうもありませんでした。が、お客等にかまっていてはおくれると思ったので、客の事は一さいおばさんに頼んで、出来得る限り心を落付けて出てしまいました。その前におばさんの口ぶりによると、何だか多少は気付いているらしかったので、その苦心はまた一通りではありません。家を出てから病院の方へ行きました。逃げ口は病院の方と全然異う方面なので、病院へ行く途中から引かえし、再び家の様子を見て竜泉寺《りゅうせんじ》の出口の方へ足をむけました。その時にもし私の目星をつけておいた所があいてなかったら何《ど》うしようと思いながら、恐ろしさにふるえる胸を、おさえながら行って見ますと、その戸はかぎによってかたくしめられてありました。その時の私の心の内は何んなでしたでしょう。余りの驚きと失望に、気もくるいそうでした。けれども一たん家を出たからには、何うしても自分の今の決心を仕とげなければならないと思うと、心強くなりました。そして何《ど》こか出口がないものかと、どぎまぎしながらさがし廻って居た所、左の方に幸い竜泉寺の通りへ出られそうな細い路地を見つけたのでした。嬉しくて、嬉しくて、天にも昇る心持でした。きっと神様のお蔭だと喜びながらぬけ出ようとすると、そこには人力車夫が二三人居て、何だかあやしい女が来たとでも云う様な顔付をして、私の方をじろじろ眺めて居りました。また駄目かなとは思いましたが、これより他に出口がない、ここで駄目なら私はもうとても救われない。何うせ死を覚悟の身、やって見よう、もし見破られたら何とかごまかしてやろう、と思いましたものですから、心を落付けて或る一つのサクを考えました。悪い事とは思いながらもその車屋が居たのでは路へ出る事が出来ないので、一人の車夫に「私は長金花の春駒です。千代駒《ちよこま》さんと、ここから一所に病院へ車に乗って行きますから、楼までむかえに行って下さい」と使いにやりました。使いにやった後ですぐあたりを見まわしましたが、ほかの車夫はどこかへ出かけて行った様なので、いそいでぬけ出しました。

## 脱出（二）

その出口が余り家に近いので、車夫が帰って来て後をつけはしないかと、電車に乗るまで心は何のくらいあせったか知れません。電車路へ出るまでやく半丁くらいの間、私は随分一生懸命に走りました。走りながら伊達巻《だてまき》を帯上げで隠しました。あの社会では外出する時のほか帯はしめさせません。髪も常にシャグマでおいらんまげに結わせ、もし外に逃げ出した時には、すぐ知れる様にしくんであるのです。

今度は余り走るといけないと思ったので、電車路へ出てからはなおも心を落付けて電車の来るのを待って居りましたが、それでも心臓のどうきは中々やみませんでした。停留場のそばに交番があるので、殊にその恐ろしさといったらありませんでした。そして電車の来る間の長い事……電車に乗って少しは安心したせいか、どうきも前よりはずっと静かになりました。もし上野へ先まわりをされはしないかと思うと、再び私の心には不安がおそって来ました。そして何だか自分でそわそわして居るせいか、またそう自分で感じるのか知りませんが、同じ電車に乗って居る人まで私の方へ一度に視線をむけていたので、心の中ではハッと思って顔をそむけましたが、何だか気付かれはしないかと思ったせいか、急に心がわくわくして来ました。早く上野へ着けばよいと何《ど》のくらい心はあせるか知れません。

電車の車掌さんに菊屋橋で乗替えるのですと丁寧に教えてもらいましたが、どっち行きの電車かわかりません。それにまた、交番のおまわりさんがこっちを向いて馬鹿にじろじろ見ていましたので、ハッとしました。その時そのおまわりさんに道を聞いた方がよいと思いましたので、すぐその前に行って「上野行の電車はどこで乗るのですか」と尋ねました。

おまわりさんは「あそこに待って居て来る電車にお乗りなさい」と丁寧に教えて下さいました。が、そのおまわりさんは私の頭から足の先迄じろじろ見て居ましたが、「君はどこから来たね」私はハッとしました。私はもう駄目だと一時にボーとした様に感じましたが「浅草田町からです」と答えると「どこへ行く」とまたも尋ねてきました。「目白へ行きます」と云いました。そこへ丁度よいあんばいに電車が来たので「どうも有難うございます」と丁寧におじぎをして乗って仕舞いました。私はそして後ふりかえって見ますと、おまわりさんはまたこちらを見て居りました。私はそのおまわりさんにどれ程感謝するか知れません。私の恩人の内の一人です。もし、もっとくわしく聞かれたら――。

菊屋橋で乗替えて、上野で降りました。その間の長い事。そこで始めてあたりを見まわし、誰も来ないらしい様子を見たので、ホッと安心いたしました。それから上野のガードをくぐってから省線電車の切符を買ってすぐ乗りましたが、余りあわてて居たので乗り間違え、何うも変だと思って側の人に聞きますと、この電車は横浜の方へ行くのですと云われたので驚いて新橋で降り、また引かえし目白の駅へ着きました。そして白蓮夫人の御すまいへ行くべく足をむけて歩みました。けれど途中で随分考えました。私のこの突然の訪れに夫人はきっと、お驚きになるでしょう。また自分は何と云って入って行ったらよいでしょうと思って、その心配もまた大したものでした。途中五六度聞き聞き夫人の家の近く迄来て仕舞いました。

## あこがれの白蓮夫人

みどり深きまがきに囲まれた広い邸《やしき》、ふるびた木の門には「宮崎」の標札《ひょうさつ》もいとなつかしい。これぞ永年自分の崇敬の的であった白蓮夫人の愛の殿堂。今迄生きた心持もなかった自分はこの憧れの彼岸に辿り着いたかと思うと、嬉しさと、なつかしさで一杯である。が、また不安はおそって来ている。もし逢わせられなかったら。

逢わせられたとしても、おことわりを受けたら。或はおるすであるかも知れないなぞと思うと、今迄の感激も失われそう。私は入ろうと思い幾度かためらってしばらく門の前に立って居ました。追手が来たかも知れない。ここに立っていて見つかったら大変と元気を出して入って行こうと心をきめました。そして自分のだらしない身なりに気が付き、着物の襟をきちんと合せて、それでもおどおどしながら「ごめん下さいませ」と入りました。すると奥の方から足音がしたかと思うと、女中さんらしい人が出て来ました。私はすぐ「奥様にお目にかかって御願いがあるのですが……」と申しました。

女中さんが中へ引込んで行って間もなく、出て来られた方は。髪は無雑作《むぞうさ》にかき上げ、お召物はごく質素でいられました。年の頃は三十六七、お顔かたち、お動作等、貴いお方だと一見して分りました。そしてすぐ白蓮夫人である事を直感いたしました。

夫人は不思議そうに、まゆをひそめて、じっと見ている様でしたが、前に私が御手紙差上げておいたので、お気が付いたらしく、「さあ何《ど》うぞお上り下さい」と、おやさしくおっしゃって下さいました。その時位嬉しい事はありませんでした。

私は上ってから、一面識もない夫人に対して救いを求める為に御手紙差上げた事や、そうした自分のぶしつけな行為のおわびを申上げました。そこへ御主人宮崎様が入って来られました。奥様より少し若くいらっしゃいます。帝大を出られてから、私達無産階級解放運動の為め奮闘なさっていられる方だと後で聞きましたが、勇ましい男らしい、そして愛情に富んでいらっしゃる方だと感じました。恋人を見れば、その人の個性が分ると或る本に書いてありましたが、この宮崎様は、愛の権化なる白蓮様の恋人にはふさわしい方であります。そして白蓮様もまた宮崎様の様な人格者の愛人になるべき人であると思われました。ほんとに、何から何までよくおに合いの御夫婦であります。恋の殿堂の御主人御夫婦のお生活を私は讃美しまた心から祝福いたします。道徳の革命者であり、心ある者の羨望の的になっていられる御二人の前にある賤しいこの身が恥しくもあり、気まり悪くなって逃げ出したい位でありました。

「安心なさい」リンとした声で宮崎様はいわれました。その時のうれしさってありませんでした。私の一生中、こんな嬉しさを持った事はございません。心強く思うと云う言葉はこんな時以外に使われる事はないと思いました。「私にも考えがあります。だが強くなる事ですね」「これから色々困難にぶつからなければならないのですから、ここまで逃げて来た以上に苦しまねばなりませんから」私はすっかり安心して仕舞いました。そして色々と聞かれたのでした。落付いて希望と光明とを以てお答えもし、またお願いもいたしました。白蓮様の美しい瞳には、雨につばさがぬれてとびもならず、家の中に迷い込んで来た可哀想な小鳥よ——というような詩的感興が湧いたように見受けられました。そして慈愛に富んだ瞳で私を眺めていられましたが、「なんとかして」とご主人宮崎様とご相談していられました。何と幸福な私でしょう。

## 救われて

小さい時から貧しい家に育ち、何一つ楽しい事をしないばかりか、ああしたどん底の生活に投込まれ、今日死のうか、明日死のうかと一日として生きた心持のなかった自分が、こうした高貴の人々に救われるかと思うと胸の高鳴りは止《や》みません。感激は私を奪って天国にでも連れて行きそうでした。只私が救われるばかりではない。貧乏の人々の為に働いていられる宮崎様や、この世を愛の国にしようとつとめていられる白蓮様です。きっと私達の様な苦界にしんぎんしている人達の為にお働き下さる事と信じます。信じるばかりではありません。現に宮崎様は「今後はあの人達の為にうんと働くのですね」「あなたの様に目ざめた人が出た事は廃娼《はいしょう》運動の為めどれ程よいか知れません。まあしっかりやって下さい」とおっしゃった位です。

そうしているまに、宮崎様のご友人で総同盟の紡織の方の主任をしていらっしゃる、岩内様と云う方が見えられました。宮崎様と別な座敷で暫く話していられた様でしたが、間もなくお二人で入って来られて私の事に就て相談して居られました。そして岩内様が「なんだこんな事で心配していられるのですか。社会改造家も案外こんなものには弱いんですね」と申されていました。宮崎様は苦笑していられた様です。

「私がやって上げますよ、私共は労働運動者です。無産階級解放の為め一生働くのです。女性の男性よりの解放も勿論《もちろん》しなければなりません。だから特にあわれな苦界に居るあまたの妹達の解放運動もすべきだと思っています。やって見せます。労働運動のつらさにくらべれば何でもありませんよ」岩内様は元気にこう云って私に色々尋ねました。そして万事私の身もその後の事も皆お願いいたしました。

宮崎様は後で岩内様に「僕は実際閉口しおったんだ。まさかあんな手紙はよこしても来るなんという事はあるまいと思っていたものだから突然こう来られて途方にくれたんだ、法律上の事は多少知っているが、実際の問題になるとまるで盲目だからね。それで、燁子《あきこ》がその本人がとうとう来て仕舞ったと云うので驚いたのだが、追い帰す事は出来ないし、女にがっかりさせて気を弱くすると何《ど》んな事をするか知らないと思ったので、まあ一寸安心はさせておいたのだが、ほんとに君に来てもらって助かった」と岩内様にいっていられました。ほんとに私の為に随分皆様にご心配かけてすまなく思って居ります。そして感謝いたして居ります。

奥様は私の事が安心出来る様になったものですから大そう喜んでいられました。そしてなに呉《く》れとなく私の事を世話して下さいました。伊達巻だけで帯をしめていませんものでしたから、奥様のお召になっていたのを下さいました。その他「なんでも不自由のものがあったらえんりょなく云って下さい」とおっしゃって下さいました。私の今後の方針についても色々とお話し下さったり教えて下さいました。

詩と歌とを通じて遠くから見ていた奥様と現実にお目にかかった奥様とは少しも異いはありません。

私が廓を出てから二日の後、松村警保局長さんが、娼妓の自由廃業は勝手だという様な、娼妓に大変同情のある言葉をのべておられました。

憐れな娼妓にとってこうした有難い事がありましょうか。ことに逃げ出してから、今日尋ねて来るか明日連れて行かれるかと、夜もろくろく寝る事が出来ず、心配で生きた心持もない私にとって、こんな有難い、嬉しい心強い事がありましょうか。私は、その松村さんというお方にすぐお目にかかって、お礼申上度いと思った位です。新聞には、松村さんの奥様が、大そう私達に同情して下すった事が書いてありました。私達女性の幸福は、女性自身によって……と思っていた事が、何だか間違っていない様に思われてなりませんでした。

私は今同情ある皆様より大変なご厚情を受けています。宮崎様や岩内様宛に、私にしっかりやってほしいとご同情のお手紙を無名の方々より沢山頂きました。そうした隠れたご同情の皆様に厚くお礼申上げます。

# 註釈

一三 七＊**『光明に芽ぐむ日』**　一九二六年十二月、文化生活研究会刊『光明に芽ぐむ日』（『吉原花魁《おいらん》日記　光明に芽ぐむ日』朝日文庫）。

三＊**下新**　下新造《したしんぞう》の略。やりて婆の下で遊女の世話をする新造の、さらに下で働く女のこと。

＊**大門**　吉原への正面玄関。市井と吉原とを繋ぐ唯一の出入り口。

＊**娼妓掛り**　遊女の登録や取り締まりを行う警官。

二＊**旦那**　楼主。遊郭の経営者。

三＊**げそ**　下足打ちの略。番頭が麻縄のついた下足札を振って柱に打つことを、縁起づけや始業の合図として行っていた。

＊**御内所**　遊郭での楼主の居間や帳場。また、その店の主人を指すこともある。

二四＊**張店**　遊女の待機場所。遊女が往来に面した店先に並んで格子の内側から姿を見せ客を待つこと、また、そのような店の形態を指した。一九〇三年に写真見世（遊女の上半身の写った写真で遊女を選ぶこと）が始まり、一九一六年には張店が禁止された。

二五＊**蔭のぞきもしない**　ちっともたずねてこない、の意。

＊**住替え**　雇われ先を替えること。

二六＊**玉**　玉代の略。客の遊興費。遊女が楼主からもらう玉代の割戻金を「玉割」、玉代を払うことを「玉をつける」、一晩泊まり分を「全夜の玉」、床を共にしないなどの理由から客が玉代を払わないことを「玉をふまれる」などといった。

＊**移り替え**　季節の変わり目に衣類を替えること。衣替え。

二九＊**しかけ**　打掛。略して「かけ」、遊女のものは「しかけ」ともいい、今日歌舞伎の花魁の着る打掛に「しかけ」の名が残っている。

三〇＊**ひけ**　その日の営業を終え消灯して大戸を閉じること。午前〇時を「中引け」、大門を閉める午前二時を「大引け」といった。

＊**やりて部屋**　妓楼内にある、やりて婆、妓夫《ぎゆう》太郎（客引き、見世番などをする若い使用人）、新造の休憩、仮眠部屋。

＊**おばさん**　やりて婆。遊郭で遊女の管理・教育などをする女。客との遊興費の交渉はやりて婆が行った。

＊**台の物**　台屋（料理を調える仕出し屋）から取り寄せる料理。大きな台の上に料理を盛りつけ、松竹梅などに形づくったもの。

三一＊**請負師**　人材斡旋者。または必要な人材や材料を手配し、かかった手間賃や材料費に利益を上乗せして稼ぐ人。

＊**壮士**　雇われた用心棒。

三三＊**甚助**　情欲が強く、嫉妬深い性質。また、そういう男。

三四＊**まわし部屋**　遊女が一時に二人以上の客をとったとき、後の客を待たせておく部屋。また、自分の部屋を持たない新造などが客を迎える部屋。

＊本部屋　遊女の個人部屋。
＊引付　引き付け座敷の略。客を通し、やりて婆が遊興費などを決める部屋。
三八＊やりて婆　三〇頁「おばさん」参照。
＊遊興税　玉代に課された税。
＊御祝儀　遊女の玉代の他に支払う一定の金額のこと。本来は心づけの意味だったが、この頃は勘定の一部になっていた。
＊床番　妓楼の掃除や客の布団を出し入れする男。
四〇＊廻し　遊女が複数の客をかけもちでとること。
六五＊お連れ　馴染み客が初めての客を連れて来ること。
六六＊半玉　玉代が本来の金額の半額であること。また、まだ一人前でない芸者。
八四＊身請け　客が遊女の身代金や借金をすべて払って勤めを終えさせること。
八七＊お見立　張見世や写真などで遊女を見て買う相手を選ぶこと。
九二＊初見世　遊女が初めて店に出て客をとること。
九六＊花がけ　布切れを花形にして結んだ根掛（日本髪の髷の部分につける装飾品）のこと。
九七＊かん部屋　妓楼内にある遊女の共同休憩室、寝所。
一一一＊鉛毒　鉛中毒。鉛を扱う作業や鉛を含んだ白粉の常用などが原因で、急性では激烈な胃腸炎の症状を起こして死亡、慢性では貧血、神経麻痺、腹痛、脳障害などの症状を呈する。
一一三＊あんどん部屋　行燈をしまっておく物置部屋。通常は階段下にあり、遊興費を払えない客を押し込めておくところでもあった。

三六＊**箱屋**　御座敷に出る芸妓の供をして、箱に入れた三味線などを持っていく男。
三七＊**見世**　店、妓楼そのもののこと。また、遊女が通りかかる客を呼び入れる格子構えの座敷のことを指す場合もある。妓楼が開店することを「見世が付く」といった。
三〇＊**行司**　商人や町内の組合などを代表して事務をする人。
三五＊**年明け**　年季（一年を一季とする、奉公人などを雇う約束の期限）が満了すること。年季明け。
三七＊**虫が付く**　情夫ができること。
＊**おはき物**　妓楼にとってはためにならない客をあげずに見世先で帰すこと。
＊**年期**　一三五頁「年明け」参照。年季と同義。
四二＊**書記**　妓楼の事務員。下代の会計や、時には遊女の手紙の代筆も行った。
八五＊**宿場女郎**　宿場町にいた下等な遊女。給仕と売春を兼ねた女。
八九＊**酌婦**　下級の酒場・料理屋などで、酒の酌をする女。また、それを装った売春婦。
＊**こしけ**　帯下《おりもの》。そこから派生して、子宮内膜炎など子宮に関わる病気のことを指すこともある。
＊**がん器**　膣鏡。膣内に挿入して膣腔を開き、子宮内部の視診、分泌物の採取などを行う医療器具。
九〇＊**横根**　鼠径《そけい》リンパ節が炎症を起こして腫れたもの。性病が原因で起こるものが多い。横痃《おうげん》。
九三＊**お茶引き**　客がなく暇でいること。遊女が客のないときに茶臼で葉茶をひく仕事をさせられたところから。お茶挽き。

二〇一＊**玉もうけ**　客と部屋へあがらずに玉代だけをもらうこと。

二二七＊**爪印**　爪の先に墨・印肉をつけ印鑑の代りに押して証とするもの。紙面に爪痕だけをつける場合もある。

二三九＊**刃物やみ**　手術痕が痛むこと。

二六四＊**御大喪**　天皇の葬儀。この場合一九二六年十二月二十五日に死去した大正天皇の喪に服することを指す。

二八七＊**自由廃業**　娼妓取締規則・芸妓営業取締規則によって、芸娼妓が抱え主の同意なしに自由意志で廃業したこと。警察に出頭するか書面で届け出ることで廃業が可能とされたが、警察は貸借関係を調べるという名目などで楼主に連絡するため、結局は楼主に連れ戻されてしまい、実際に廃業するのは非常に困難であった。

二九三＊**達巻**　幅一〇センチくらいの細帯。帯を締める下ごしらえのために長着のお端折りを整えた上に巻き、両端を結ばずに挟んで始末する。

宮崎邸の庭に立つ光子
(「婦女界」大正15年7月号より)

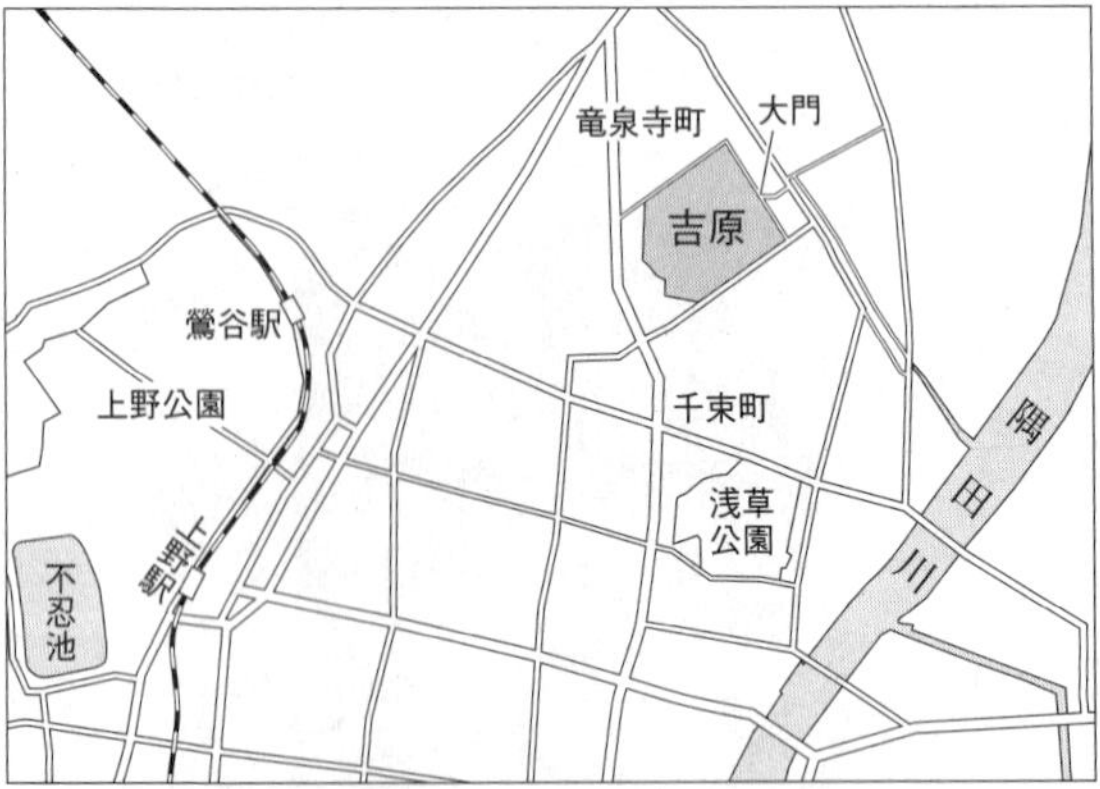


▲昭和 4 年頃の上野界隈と吉原

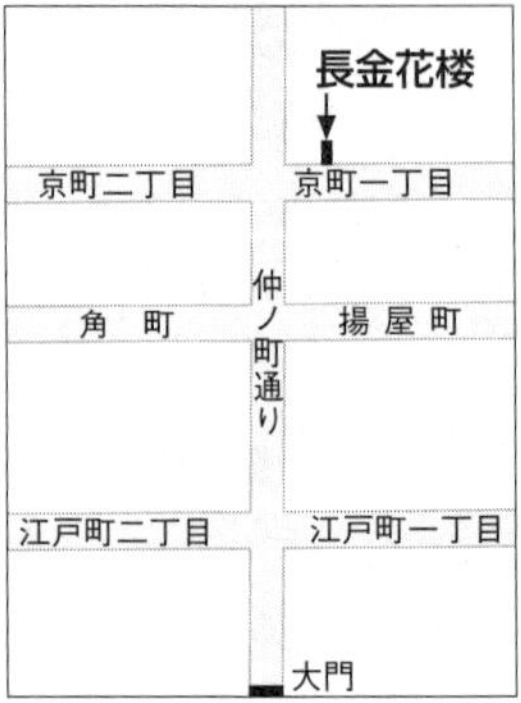

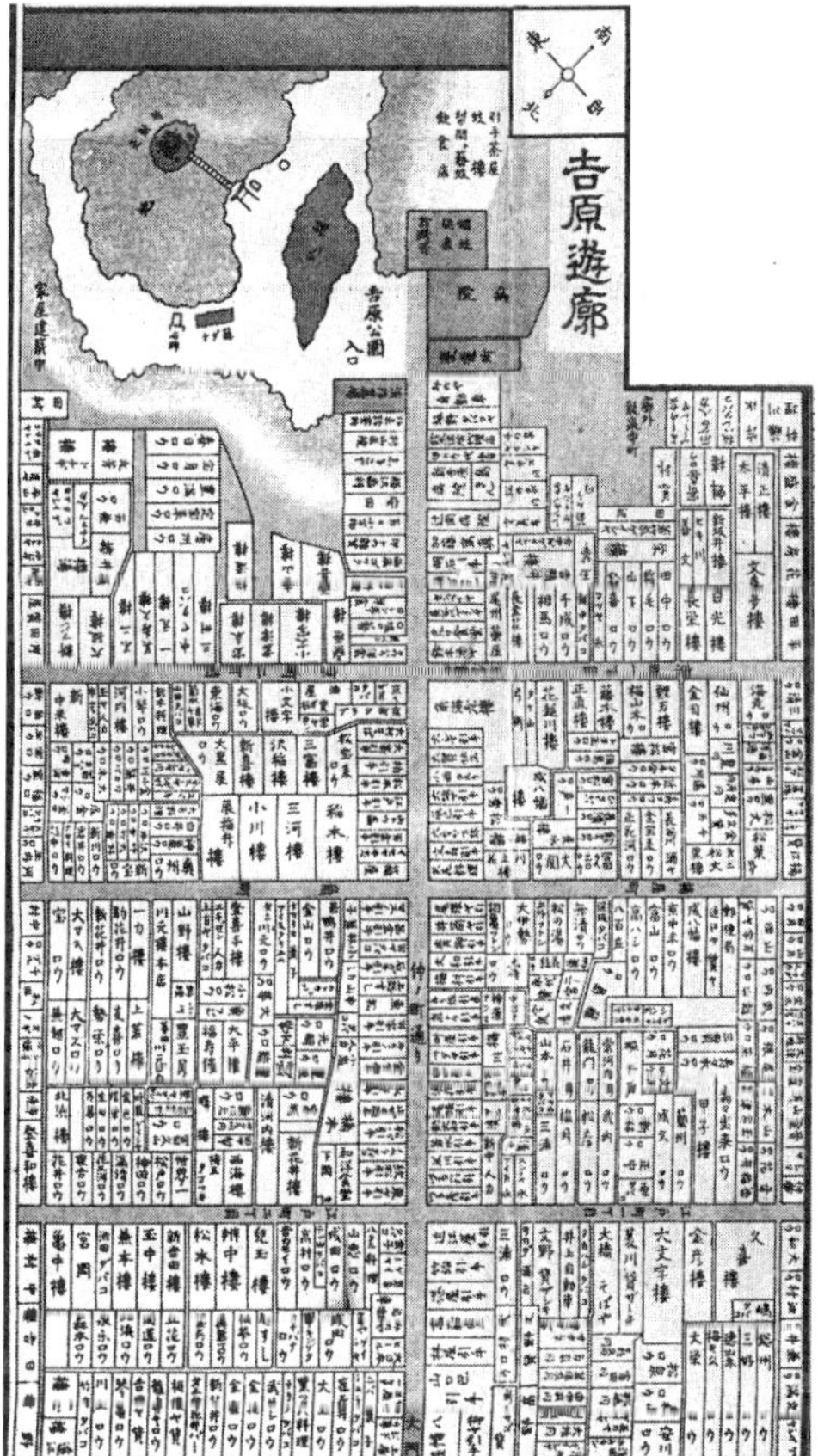


吉原遊郭（『浅草公園及附近観世音由来吉原遊郭一覧』共栄堂 1921年より）

# 白蓮女史を頼つて吉原を逃れ出た女

どうか私を助けて下さいと 涙の身の上を打明けて歎願

長金花楼の『春駒』

細々と

身の上

## 堅い女の一念に困りはてた女史

図らず来合せた總同盟の

岩内氏が救ひ主に

泣き込んだ女をかこんで

【右から岩内氏、白蓮女史、宮崎氏、春駒の光子】

吉原へ

書かせ

## 先には失敗して二度目の逃走

のろはれた生活の中へ 墜ちるまでの彼女

一家の

感じた

手紙を

## 解決は簡単だと

岩内氏語る

▲春駒脱出時の東京朝日新聞（大正15年４月27日 朝刊７面）

▼同上、大阪朝日新聞（大正15年４月27日 朝刊５面）

# 白蓮夫人の手に救ひをもとめて──

吉原を抜け出した娼妓

人肉の市のドン底から

血と涙で綴つた手紙をよせ

目覚め

春駒が

日本堤

ホントに安心しました

白蓮女史語る

労働組合の會議半ばへ
飛込んだ娼妓千代駒
例の朋輩春駒を見ならうて
死ぬ覺悟の廓脱走

動かされた
白蓮女史
わざと明るい
街を歩いて

救はれた娼妓千代駒

▲千代駒脱出時の東京朝日新聞（昭和２年１月15日　夕刊２面）

# 解説

紀田順一郎

公娼制度とは、公権力によって売春営業の許可があたえられる制度である。日本における起源は古く、鎌倉幕府の遊女取り締まりに発するとされるが、最盛期の江戸後期になると唯一の集娼地区（遊廓）吉原には、七千人を超える遊女がいたという。

明治になると遊廓は全国で公許され、東京では吉原のほか、品川、新宿、板橋、千住、根津（のち洲崎へ移転）などを数えた。越えて一九二九年（昭和四年）の内務省調査によると東京の娼妓数は約六三六〇人、貸座敷営業者数は七六三軒、遊客数は推定約四二〇万人、消費額は推定約二〇〇〇万円に達した（このほか、免許地以外に玉の井、亀戸などの私娼窟があった）。公娼制度は戦後一年目の一九四六年（昭和二一）に廃止され、さらに一九五八年（昭和三三）の売春防止法の施行により、吉原などの遊廓も公には消滅した。

本書は大正末期に吉原の長金花《ちょうきんか》という貸座敷に売られた春駒という娼妓（本名森光子）による記録『春駒日記』（一九二七年十月刊）と、雑誌「婦女界」の一九二六年（大正十五）七月号に掲載された手記「廓を脱出して白蓮夫人に救わるるまで」とを収録したものである。当時の花柳界を外側から描いた文芸作品や研究資料ではなく、娼妓自らの手になる記録として、まことに重要なものといえよう。それぞれには同じ著者による『吉原花魁《おいらん》日記――光明に芽ぐむ日』（朝日文庫既刊）の後日談ないしは反響ともいうべき重要なエピソードが含まれているので、ぜひ併読をおすすめしたい。

森光子は一九〇五年（明治三十八）群馬県高崎市内の貧しい職人の家に三人兄妹の長女として生まれ、啄木の詩に人生の夢を紡ぐような文学少女として高等小学校を卒業したが、不幸にも深酒が原因で死亡した父親の借金返済のため、一九歳のときに吉原へ一三五〇円で売られてしまった。周旋屋《しゅうせんや》の口ぐるまに乗せられ、ピンハネされ、実際に手にしたのはわずか千百円と少々だった。公務員の初任給か七五円という時代である。

文学少女で、いまだ男性を知らないおぼこ娘が、いきなり初見世《はつみせ》を体験させられて人生に絶望し、何度も自殺を考えたが死にきれず、やがて周旋屋や抱え主や客を呪うあまり、復讐のための秘密日記を書き綴るようになる過程は、女性の体験としては最も過酷な部類に属する。置屋の毎日はまさに生き地獄そのもので、息つく間もなく客をとらされ、抱え主の陋劣《ろうれつ》な手段によって借金はふくらむばかり。性病にかかれば廓内の病院に収容され、囚人同様の扱いを受ける。退院すれば、その日に客をとらされる。

だいたい、長金花の楼主《ろうしゅ》は関東大震災のときに「女なんか放っといて、おれを助けろ」と叫んだというほどだから、推して知るべしであろう。こんな境遇にたまりかね、自由廃業を図る娼妓もいたが、いたるところに監視の目が光り、警官までが抱え主の味方になっているため、すぐに連れ戻され、剃刀の上を歩かせられるような半死半生の拷問を受ける例もあったという。自由廃業は法律上は認められていたが、実質は無に等しかった。

光子の場合は辛うじて脱出行に成功し、尊敬していた歌人柳原白蓮（当時社会派弁護士の宮崎龍介と結婚していた）に匿《かくま》われた。手記「廓を脱出して白蓮夫人に救わるるまで」によれば、突然、光子に駆け込まれた白蓮夫婦は、さすがに狼狽したようだが、偶然訪れた岩内善作（労働運動家、一八八九〜一九八四）のアドバイスを受け、対処することができたという。なお、光子に自由廃業を促した背景には、明治中期ごろから開始された廓清《かくせい》会や日本基督《キリスト》教婦人矯風《きょうふう》会、救世軍などの果敢な廃娼運動もあったことを忘れてはならない。

もっとも今日の読者からすれば、本書はそのような社会問題の資料というよりも、遊廓の日常をたしかな観察眼によってとらえたドキュメントとしての魅力のほうが大きいのではないか。全部で二七篇。内容は軽いスケッチ風のものもあるが、とくに遊客の生態描写は見事である。光子はさまざまな男性から、関心（というよりも好奇心）を寄せられ、いつしか彼らの悩みを聞いたり、ときには場所にそぐわないような文学談義に花を咲かせたり、讃美歌を合唱したりということもあったようだ。客だからといっておもねることなく、思ったことを直截《ちよくせつ》にいう。たとえば蒲田撮影所にいると自称する軟弱そうな男から「……それじゃ春ちゃんは一体僕を何んな男だと思っている」と聞かれて、「あなたは女らしい男だと思ってるわ。丁度《ちようど》あなたは花魁みたいだわ。」ときめつける。「女優にならない？」と気をひかれると「私ね、今のブルジョアというものは大嫌いよ、毛虫よりも嫌いなの。だからさ、ブルジョアの犬の様な女優なんて大嫌いというのよ、分って」と斬り捨てる。

いずれにせよ、社会への復讐心に燃える彼女は、そうした社会の代表と見なしていた男の軽薄さや暴力性を徹底的に糾弾するのであるが、こうした男たちもまた閉塞的な社会に耐えきれず、〝心のくずかご〟としての遊廓に逃げ込もうとする孤独な存在であった。

しかし、光子の立場からすれば、そんな男たちとの連帯はありえない。『吉原花魁日記』のなかに、客の一人から、「君なんか、着物は好きな立派なものが着られるし、仕事だって楽だし、性慾には不自由はないし……」などといわれ、猛然と反論する個所がある。

「牢屋に入って、五年も六年も出られない貴方だと思って御覧なさい。そのあなたが、どんなに立派な、綺麗な着物を着たって、それをあなたは喜んでいられますか。……性慾に不自由ないなんて、まさか、蝮《まむし》や毛虫を対象に、性慾は満足出来ないでしょう。却って妾なんか女工の方が、羨しいと思っているのよ。女工にでもなって、婦人運動の中にでも入れて貰って、うんと働きたいわ。呪わしい世の中ね」

白蓮に保護された光子は、その後、おそらく客として知り合ったと思われる外務省官吏の西野哲太郎（一八九五～?）と結婚した。現在ネット上で公開されている貴司山治《きしやまじ》（作家、一八九九～一九七三）の回想記には、一九三〇年（昭和五）ごろ、山治が武蔵野町（現在の武蔵野市）吉祥寺に新居を構えたさい、光子が避難してきたという記述がある。

「やがて白蓮のもとに身をかくしていた元吉原の遊女春駒が、吉原からの追手を逃れて拙宅へ逃げ込んできた。かの女は「春駒日記」というのを出版して評判の女だったが、およそ名とは似つかぬ色の黒い、眼のぎょろりとした痩せた女で、そのあとからかの女の夫である西野哲太郎がくるようになった。

西野は、外務省の属吏だったが、遊女春駒を自由廃業させた演出者で、そのため外務省をクビになり、社会運動のつもりでそのあとも、自由廃業の手引きをやっていて、吉原の暴力団に追いかけ廻されていた。」

「自由廃業させた演出者」とは、どのようなことを意味するのか、明らかではなく、光子もさすがにそのことにはふれていない。戦後西野は一九五八年（昭和三三）の衆院選に茨城二区から無所属で立候補したが、落選した。その当時の肩書は「東洋大学講師、日本・マラヤ・シンガポール協会常務理事」となっている。マレーシアに関する小冊子（「アルプス・シリーズ」）も著している。光子その人に関する消息は明らかではないが、このような西野の活動を側面から支えたことも想像されよう。

光子の主張からは社会運動に挺身《ていしん》したいという意欲がうかがえるが、いずれ社会の最も遅れた部分と戦うことには、容易ならざるものがあったろう。しかし、その作品はいまなお社会の牢固《ろうこ》とした壁に直面する人々に対し、普遍的な勇気と希望を与えるにちがいない。

（きだ　じゅんいちろう／評論家）

本書には現在使用することが好ましくない表現があります。内容の持つ時代背景を考慮し原本のまま掲載しましたが、一部個人情報などの観点から編集しました。文庫化にあたっては、読みやすさを考え、適宜句読点を付し、表記を現代仮名遣いに改めました。

冒頭の柳原白蓮の「悲しき客人」は、一九二六年七月刊「婦女界」に掲載されていたものです。なお「婦女界」は紀田順一郎氏よりご提供いただきました。

著作権継承者については現在判明しておらず、鋭意調査中です。お心当たりの方は、小社編集部までご一報いただけますと幸いです。

朝日文庫編集部

春駒日記《はるこまにつき》　吉原花魁《よしわらおいらん》の日々《ひび》　朝日文庫

2010年11月30日　第1刷発行
2020年2月28日　第3刷発行

著　者　森《もり》光《みつ》子《こ》

発行者　三宮博信
発行所　朝日新聞出版
〒104-8011　東京都中央区築地5-3-2
電話　03-5541-8832（編集）
03-5540-7793（販売）
印刷製本　大日本印刷株式会社



ISBN978-4-02-264584-5